道路自信

人类史上大国兴盛新模式

玛 雅

外文出版社
FOREIGN LANGUAGES PRESS

图书在版编目（CIP）数据
道路自信 ：人类史上大国兴盛新模式 / 玛雅著. --北京 ：外文出版社，2014
ISBN 978-7-119-09331-4
Ⅰ. ①道… Ⅱ. ①玛… Ⅲ. ①中国特色社会主义－社会主义建设模式－研究
Ⅳ. ①D616
中国版本图书馆CIP数据核字(2015)第006056号

责任编辑：杨 璐
装帧设计：吾昱设计工作室
印刷监制：冯 浩

道路自信：人类史上大国兴盛新模式
玛雅 著

出 版 人：徐 步
出版发行：外文出版社有限责任公司
地 址：中国北京西城区百万庄大街24号 邮政编码 100037
网 址：http：// www.flp.com.cn
电 话：010－68320579／68996067（总编室）
010－68995844／68995852（发行部）
010－68327750／68996164（版权部）
印 制：北京蓝空印刷厂
经 销：新华书店／外文书店
开 本：787mm×1092mm 1/16
印 张：14.5
字 数：100千字
装 别：平装
版 次：2015年3月第1版 2015年3月第1版第1次印刷
书 号：ISBN 978-7-119-09331-4
定 价：29.00元

序

戴秉国

新中国60多年的发展和崛起，是世界现代史上的一个重大事件，就像自然界“日出东方”的奇景令人注目。伴随着中国崛起的不同阶段，引发了海外的多种议论。一些海外人士认为，中国崛起是中国人勇于创新、不懈奋斗的结果，这种结果有利于世界多极格局的形成，有利于人类社会走向更加开放、更具包容性的未来；也有人认为，中国崛起挑战现行的国际秩序；还有人认为，中国的发展没有遵循西方教科书所提供的理论，注定是不可持续的……

几个月前，玛雅这本书刚一问世，我就一口气把它读完了。我以为，这是我读到的解读中国书籍中的精品之一。虽然它并非十全十美，无可挑剔，但它所汇聚的，却是一种对于中国崛起的比较有说服力的解读。这种解读不仅立足于中国近30多年举世瞩目的巨大成就，而且立足于新中国60多年的发展经验，立足于1840年以来令中国人满怀悲情的近代史，立足于中国2000多年的统一国家史，立足于中国5000年灿烂的文明史。

作者玛雅生在新中国，长在新中国，有着留学海外的经历，善于在比较中独立思考。这套访谈录融入了她作为中国人对当代中国的细致观察和深入思考。15位被访者来自多个领域，有政治、经济、人文社会学者，有国情问题专家、中共外交史专家、军事战略专家、国有资产管理和医疗保障体系等方面的专家，还有民营企业家。他们当中的多数人曾经西行美国，或留学或访学，有的后来在美国或香港、台湾地区执教。他们都热心于向世界解读中国。

访谈的内容涉及政治、经济、社会、文化、历史、国际等多个领域，横跨制度、理论、发展、改革、民生、战略、外交等多个维度。这些访谈最突出的一个特点，是其个性化——无论玛雅还是她的访谈对象，都是基于自己独立思考和判断而发声；他们观察问题的视角和语言表达方式，都有着显著的个性化特征。他们从事实和理论的结合上阐述了中国道路自信、理论自信、制度自信的依据所在。

这些访谈还有一个特点，就是肯定中国成功的同时，并不回避问题。受访学者立足于中国现实，同时又引入国际视野和历史纵深，采用实证、比较的方法，指出在当前国际国内情境下，中国所面临的机遇、问题和挑战，以及以史为鉴、居安思危的现实意义。这种基于事实的分析和理论总结，体现了对中华民族整体利益的维护与坚守。虽为一家之言，拳拳之心可鉴。这15位受访者对中国60年来发展经验的解读，更接近于中国的真实，也更能说明中国未来的发展方向，那就是，虚心学习借鉴人类文明中一切有益于中国的好东西，但不照搬照抄西方模式，坚定不移走中国自己的路。

今天的中国是高度开放的国度。很多中国人希望了解国外的人在想些什么、如何看待中国；不少外国朋友也希望了解中国人在想些什么、如何看待自己与世界，中国的崛起对世界意味着什么。我希望这套书能为这种需求提供一个新的视角。相信它的外文版也一定能引起国外关心中国的读者的深厚兴趣。

中国的崛起离不开世界，同样，中国崛起又是一个具有世界意义和历史意义的政治、经济、文化现象，需要同外部世界进行坦诚、深入的沟通交流，需要得到世界的认识、理解和支持。我想，只有在不断的沟通交流与观点碰撞中，世界才能越来越了解中国，正确对待中国，中国也才能更好地认识自己和世界，更好地把握自身与世界的关系。我相信，从中国发出的声音，将强有力地汇入世界历史潮流的交响，共同奏出华丽的时代乐章。

戴秉国

2014 年 8 月

目 录

我们为什么唱响中国

玛　雅

一

一百年后，当后人打开今天的历史画卷，展现在他们面前的是这样一个人类社会剧变的壮观场面——苏联东欧在20世纪末的轰然坍塌和中国在21世纪初的震撼崛起。不久，始于美国的金融海啸又席卷全球，裹挟着整个世界经济一泻千里……风雨飘摇中，有一个身影趔趄了一下，却依然站立。这就是曾经被西方打倒在地，却不屈不挠、自强不息的中国。

一百年后的思想家和政治家们会发现，苏东的坍塌和中国的崛起，是二战结束半个世纪后世界上影响极为深远的两大事件。两个事件共同改写了历史，改变了世界——前者宣告了一条道路的失败，令“历史终结论”者们欢呼不已；后者证明了另一条道路的成功，打碎了“历史终结论”者的梦幻。两条道路之间，存在着无法割裂的血脉联系。二者的区别在于，能不能与时俱进，能不能从具体约束条件出发，找到适合本国国情的通向理想境界之路。

正如中国领导人一再强调的，自1949年以来的中国发展历史不可割裂。中国之成为今天的中国，既与邓小平等领导人开创的改革开放道路有关，也与毛泽东那代领导人建构的国家制度框架有关。毋庸讳言，60多年来，在意识形态的浅层、在国家工作重心和目标上、在与世界主要大国的关系等方面，中国上演过数次左右“变脸”。然而，中国意识形态和国家制度的“底色”始终没有变，那就是，坚持社会主义方向，探索实现社会主义的“人间正道”。直到今天，中国还处在社会主义的初级阶段，走在具有中国特色的社会主义道路上。

在这条路上，60多年来我们取得了举世瞩目的伟大成就，也经历过一次次挫折、震荡和损失。但不论怎样跌宕起伏，都未构成对方向本身的否定，而只是告诉世人：一种理想和理念，要从经典作家的书本走到现实，绝不可能是一条直线，其间必然经历曲折和反复，需要在不断试错中校正偏差，掌握进度，走向成功。

从1949年到今天，人民共和国走过了一甲子时光，在共产党的领导下，从积贫积弱的穷国发展成为具有世界影响力的强国。建国头30年，中国人民经过艰苦卓绝的努力，建立了独立自主的工业体系，为后来的经济腾飞打下了坚实基础。改革开放后，中国不仅创造了持续30多年接近二位数高速增长的奇迹，成为世界第二大经济体，而且没有发生战争，没有对外扩张掠夺，内部保持了稳定。这在人类现代发展史上是前所未有的精彩一幕。

今天，我们之所以要唱响中国，是为了以事实和分析告诉自己的人民，60多年来中国经历了什么，创造了什么，收获了什么，坚定我们人民的道路自信、理论自信和制度自信，激发和增强追求中国梦的正能量。我们之所以要唱响中国，也是向世界表明，中国人通过自己的努力，以自己的方式，从另外的起点和路径，同样走近了世界文明的制高点。条条大路通罗马，不同的道路，对应着不同的历史轨迹、文化脉络和现实国情。每个国家的人民，都有权选择适合自己国情的发展道路。正如中共总书记习近平所言，各国唯有走适合本国国情的发展道路才有希望、有未来，历史已经无数次证明了这一点。

二

当今世界，中国崛起已是不争的事实。由于中国的崛起，世界已大不相同。美国人一向认为，20 世纪是美国的世纪，21 世纪仍将是美国的世纪。的确，过去半个多世纪美国强大的一个根本原因，是它扶持并成就了一个发达的西方；有能力“输出富裕”，这是它软实力最坚实的根基所在。然而，进入 21 世纪以来，美国的这种能力在衰退，中国在国际舞台上部分取代了美国的这种角色。

经济基础决定上层建筑。这句话在国际关系领域意味着，谁能够创造财富，推动世界经济增长，谁就能拥有话语权，拥有制定规则的权力。按中国的人均收入水平，本来还不足以担当这种分量的角色，但由于中国人多体大，由于共产党有上下动员的能力，由于举国体制具有“集中力量办大事”的优长，中国可以提前参与到划分全球蛋糕的游戏中。这就是人民共和国的制度优势所在，是社会主义中国能够影响世界、对人类有所贡献的根本所在。当然，前提是，中国能够保持自身经济的可持续增长，让发展成果惠及全体人民，同时要具备与所希望拥有的话语权相对称的自我保护能力——经济上的、军事上的、思想上的。

而今，中西方思想界都在检讨现有的制度模式，探索新的制度模式。在这当中，中国模式越来越引起国际社会的关注，对非西方发展中国家越来越具有吸引力。而另一方面，中国模式尚存在许多不足，有些方面还很脆弱，正面临国内国际各种严峻的挑战。我们国内的问题很多，困难重重，诸如思想上对道路、制度和方向认识不一致，经济上进入了结构调整的困难阶段，社会建设也遇到大的阻碍，尤其是，腐败正严重侵蚀着执政党的肌体，破坏党和人民群众的血肉联系；国际上需要我们与其他国家相互适应，寻求建立新型国家关系，推进国际关系民主化，创造有利于和平发展的外部环境。在这个时候，终结了“历史终结论”的中国模式能否经受住历史的考验，中华民族的复兴之梦能否实现，成为中国严肃的思想者们认真思考的一个问题。如何完善中国模式，建立“后西方话语时代”的中国话语体系，也成为中国严肃的思想者们的理想与追求。

这就是本系列丛书产生的背景和所要表达的立场。笔者采访了15位当代中国最具影响力的战略思想家和相关领域的专家，总结共和国60多年的发展道路和发展经验，分析中国在今天世界政治经济中的地位以及面对的机遇和挑战，展望人类未来的发展方向和中国将为世界所作贡献。本系列丛书共三本，从事实和理论层面阐述了中国道路自信、理论自信、制度自信的依据所在。这三本书分别为《道路自信：人类史上大国兴盛新模式》、《理论自信：世界新秩序的中国思想贡献》和《制度自信：一个其他模式选择的存在与成功》。

选择与这些学者对话，是因为，他们是以“中国立场”在思考，在探究，在求真，他们的思想具有国家战略意义和政策参考价值，也有助于启迪心智，培养家国情怀。出版这套访谈录，就是要为这样的中国思想的表达、积累和传播做一件有益之事。

在此，笔者衷心感谢参与本书的每一位专家学者。感谢他们与广大读者分享其思想成果，并成就了笔者作为一个新闻人和政治学人的心愿与追求——为建立“后西方话语时代”的中国话语体系尽绵薄之力。

同时，笔者衷心感谢凤凰卫视董事局主席、行政总裁刘长乐先生。感谢他一直以来的理解和支持，以及他积极、善意、建设性新闻理念的启发，使笔者得以在一个浮躁喧嚣、充满诱惑的社会里，不趋炎附势，不随波逐流，坚持做一个有自觉、有理想、有担当的新闻人。

历史没有终结，未来对世界每一个国家来说都存在挑战。每个国家的战略重心，都应该是办好自己的事，走好自己的路。1954 年在第一届人大开幕词中，毛泽东指出：“我们有充分的信心，克服一切艰难困苦，将我国建设成为一个伟大的社会主义共和国！”“我们的目的一定要达到！我们的目的一定能够达到！”在经历了 60 多年的努力奋斗之后，中国共产党带领中国人民走出了一条成功而独特的社会主义现代化道路。这样的成功和独特告诉我们，中国是世界上最没有理由被唱衰的国家，中国人是世界上最没有理由对自己国家的未来感到悲观的。恰恰相反，我们比任何时候都接近百年复兴的伟大目标，“两个一百年”的使命将在我们这代人手中完成。

2014 年 7 月于北京

历史绵绵不断，民族生生不息。

在新中国60多年的发展历史中，中国共产党创造性地完成由新民主主义到社会主义的过渡，实现中国历史上最伟大最深刻的社会变革，开始了在社会主义道路上实现中华民族伟大复兴的历史征程。十一届三中全会以来，我们党找到了建设中国特色社会主义的正确道路，赋予民族复兴新的强大生机，中华民族的伟大复兴展现出灿烂的前景。

在这个继往开来的历程中，有一条既不同于前人，也不同于他人，既是史上，也是世上独一无二的社会主义现代化道路——中国之路。这条中国之路，是中国共产党的集体创新，也是中国人民的集体创新，是中国共产党领导中国人民书写自己的现代化之路，是中华民族伟大复兴之路。

这条社会主义的中国之路,我们称之为“人间正道”。

中国之路：人民共和国的现代化之路

胡鞍钢

清华大学国情研究院院长、
清华大学公共管理学院教授。
主要著作有《中国政治经济史论（1949—1976）》《2030 中国：迈向共同富裕》《中国道路与中国梦想》等。

访谈时间：2012 年 10 月
访谈地点：北京

毛泽东、邓小平是
中国之路的倡导者和开创者

玛雅：在新中国成立60年之际，你写了《中国之路（1949－2009）》一文，提出中国之路这个命题的背景是什么？

胡鞍钢：中国之路这个命题，西方人提得比较多，中国学者提得还不是太多。从上世纪80年代后期中国改革将近10年开始，国际上对中国的发展前景始终有不同的看法、争论和推测，从费正清的“伟大建设论”（1987）、尼克松的“巨人苏醒论”（1988），到90年代的“中国威胁论”、“唱衰中国论”以及21世纪初期出现的“中国经济崩溃论”，再到后来雷默的“北京共识论”、伯格斯滕的“中美共治论”，即所谓的“G2论”，马丁的“中国统治论”，等等，可谓众说纷纭、“百家争鸣”。

对中国模式的探讨之所以形成新的国际学术热点和争论点，是因为当代资本主义的发展模式遇到了巨大挑战。1989年冷战结束时，美国学者弗朗西斯·福山在美国《国家利益》杂志上发表文章《历史的终结》，乐观地宣称，历史以自由民主最终战胜了共产主义专制而“终结”。但是后冷战时期世界发展的事实证明，福山所说的“历史的终结”并没有呈现；相反，西方自由民主国家却在自2008年持续至今的金融危机和经济衰退中，陷入惊恐和忧虑。2010年，对比西方与中国的发展，德国学者桑德施耐德在《民主在衰退，独裁者卷土重来》一文中写道，国际金融危机与西方经济衰退极大地打击了西方民主国家的信心，像中国这样的非民主国家已经上升为举足轻重的地缘政治大国。中国在保持威权体制的同时，从贫穷的不发达国家转变成为达到一定富裕程度的社会。以中国为代表的“成功的威权体制”，给西方民主制度带来了空前的挑战。

玛雅：西方流传所谓“中国威胁论”——中国崛起了，军事力量如何如何，其实他们最害怕的是中国的制度挑战。

胡鞍钢：“自由市场经济 + 一党专制”，这是西方学界对中国模式最主流的看法，也是他们最害怕的制度挑战。英国剑桥大学斯特凡·哈尔珀2010年在《北京共识：中国的专制模式将如何主导21世纪》中表示，对于西方资本主义来说，来自中国的无论是经济上的还是军事上的威胁，都不是最大的威胁；最大的威胁恰恰是来自政治上的和文化上的威胁，特别是中国的“专制（政治）市场经济”模式。这一模式，使中国的经济发展以及大批的中产阶级的出现，在事实上鼓励了一党执政，使之合情合理地成为社会稳定的唯一保障。这对于发展中国家极具吸引力，他们的领导人渐渐不以实行西方自由市场（政治）民主模式为目标，而是学习中国，先对外开放投资，允许国内私营部门发展，但是执政党控制着政府和司法部门，以及军事和信息。这会削弱以美国为代表的自由价值，包括人权、法治和言论自由等。中国模式正在夺取西方模式的优势，让西方在世界上特别是在发展中国家的影响越来越小。

随着美国为首的西方世界经济衰落和中国等发展中国家兴起，

中国不可避免地成为国际社会关注的焦点，中国模式不可避免地成为国际学术界争论的热点。在这当中，具有西方主流意识的学者最为担心的是，中国改革开放的成功经验，将极大地吸引非西方发展中国家学习和借鉴，从而对长期统治世界的西方主流价值观形成巨大挑战。这就是我们讨论中国之路的国际背景，也因此，需要我们对这一命题作出中国学者自己的回答。

玛雅：那么从中国来说，提出这个命题是要回答什么问题？

胡鞍钢：我们提出中国之路这个命题，是要回答三个问题：第一，有没有中国之路这样一条道路？第二，中国之路的含义到底是什么？它是怎么形成的？它的历史动因和发展轨迹是什么？第三，未来的中国之路走向哪里？又如何继续走出一条崭新之路？这三个问题，纵观新中国60多年的发展历史，中国之路的开创者和领导者们一直都在试图回答这些问题。

中国之路这个命题是由毛泽东首先提出的。他在1956年的《论十大关系》中，以苏联经验为鉴戒，总结新中国七年来的发展经验，论述了社会主义革命和社会主义建设中的十大关系，提出了适合当时国情的多快好省地建设社会主义的总路线基本思想。这是毛泽东力图突破苏联模式，走出中国自己道路的初步探索。这说明毛泽东是有自主性、自觉性的。毛泽东指出："照抄别国的经验是要吃亏的，照抄是一定会上当的。这是一条重要的国际经验。"

最经典的中国之路的倡导者是邓小平。他在1982年党的十二大开幕式上提出："我们的现代化建设，必须从中国的实际出发。无论是革命还是建设，都要注意学习和借鉴外国经验。但是，照抄照搬别国经验、别国模式，从来不能得到成功。这方面我们有过不少教训。把马克思主义的普遍真理同我国的具体实际结合起来，走自己的道路，建设有中国特色的社会主义，这就是我们总结长期历史经验得出的基本结论。”他在1987年10月再次强调指出：“我们既不能照搬西方资本主义国家的做法，也不能照搬其他社会主义国家的做法，更不能丢掉我们制度的优越性。”

这里，邓小平首先继承了毛泽东提出的“实事求是”的基本原则，同时也创新性地提出了“解放思想”的基本思路，从而形成了务实主义与创新主义相结合的改革开放思想路线以及方法论。30多年来中国改革开放的成功实践证明，在坚持实事求是的同时大胆解放思想，是十分智慧的政治思维。这也十分清楚地反映出中国之路的基本经验。

玛雅：作为一名当代中国问题的研究者，你对中国之路如何理解？如何定义？

胡鞍钢：我对中国之路的定义是“中国特色社会主义的现代化之路”。这条道路的发展包括三个基本因素，是一个不断增加并相互作用的过程。

第一是不断增加现代化因素，最大限度扩大生产、创造财富，最大限度利用现代知识、科技、教育、文化和信息要素。本质上看，作为一个现代化的后来者、落后者，中国的现代化过程是一个不断追赶发达国家的过程，包括经济追赶、教育追赶、科技追赶、信息通讯技术追赶等。这是所有国家实现工业化、城镇化、信息化和现代化的历史过程，但是中国的现代化还要超越西方。这种超越西方的现代化，我称之为“绿色现代化”。

第二是不断增加社会主义因素，发挥社会主义的制度优势和政治优势，共同发展、共同分享、共同富裕。这是毛泽东留下的最重要的历史遗产。虽然他的许多创新实践都没有成功，比如人民公社、干部下放劳动、知识青年上山下乡、工农兵上大学等，但是他对社会主义事业的执着追求、探索和努力，成为中国现代历史前进的动因和财富，成功是财富，失败也是财富。在中国这个有着56个民族十几亿人口的大国，只有不断增加社会主义因素，才能凝聚人心，动员整个社会的各种资源，团结一切可以团结的力量，在政治上实现长治久安，使国家统一强大。我把这个称为“国家公益性产品”，是指在全社会范围内提供能够保护和增进全体人民的利益福祉所需要的产品和服务，没有它，所有的人都会受损。这就如同新鲜空气，我们看不见，摸不着，也感觉不到它，但是每个人每时每刻都离不开它。

第三是不断增加中国文化因素，对构建中国特色的理想社会有重大创新，比如建立小康社会、和谐社会、学习型社会等。我把中国特色社会主义现代化社会的理念概括为“八个社会、一条道路”，即共同发展和共同富裕社会、全民学习型社会、全民健康和全民健身社会、资源节约型和环境友好型社会、安居乐业型安康社会、开放创新型知识社会、和谐稳定社会，以及民主法治社会；一条道路是，坚持对外开放、走和平发展道路。这样的社会主义现代化社会，我称之为中国之路的理想社会。这是基于中国自觉，反映了中国对自身发展道路和理想社会的自我认识、自我意识和自我选择。也就是说，中国在自觉地建设具有本国特色的社会主义现代化，自觉地促进中华民族的伟大复兴，自觉地跻身于世界强国之列。

社会主义因素是
实现现代化追赶的“加速器”

玛雅：毛泽东在建国初期把中国国情的基本特点概括为人口众多、地大物博、历史悠久、一穷二白。和毛泽东时代相比，你认为，中国今天的国情特点是什么？经过60多年的发展，中国发生了哪些变化，能够证明中国之路是一条成功之路？

胡鞍钢：中国今天的基本国情仍然是人口众多、地大物博，但是人均资源占有量低下，各种资源的人均量不同程度低于世界平均水平。这一国情特点决定了，中国不可能占有美国等西方发达国家的人均资源量和消费量。但是经过60多年的发展，一穷二白、一穷二弱的国情特征有了巨大改变。毛泽东所说的“一穷二白”，穷，就是没有多少工业，农业也不发达；白，就是一张白纸，文化水平、科学水平都不高。毛泽东说这话是在1956年，那时的中国是最贫穷的国家。若按购买力平价方法（1990年国际美元价格）计算，1950年中国GDP占世界总量不足1/20，而2010年已经接近1/5，实际上已经超过美国；即使是按汇率法（现价美元）计算，也超过了世界总量的1/10，与美国的相对差距从2000年的8.3倍，急剧缩小为2.06倍，成为世界第二大经济体。

那时的中国是最典型的传统农业大国，还养活不了自己。而现在，中国已经成为世界主要农产品生产量第一大国、农业增加值第一大国，也是现代农业生产要素——农用电力、农用机械、化肥、农药、现代育种等——使用大国。

那时中国的现代化基础设施少之又少，现在中国已经是世界第一大沿海港口国家，是高速铁路和快速城际铁路里程最长、速度最快的国家，而且超过美国，成为世界高速公路里程最长的国家，还是世界大国中全国性综合交通枢纽最多的国家，共有42个。中国正在建设世界最长的大容量、高效率、跨区域特高压输电网，水电装机和风电并网装机分别在2004年和2010年超过美国，两项都成为世界第一，清洁能源占全国总发电量的近30%。

那时中国在现代工业方面是典型的小国、弱国，现在已成为世界第一大制成品出口国、第一大制造业增加值国家，2010年打破了美国自1890年以来垄断了120年的世界头号工业大国的地位。

1956年中国全国高等教育人口只有几十万人，2011年已经突破1.2亿人；1956年全国从事科技工作的专业人员不到100万人，现在已达到5800万人。现在中国的发明专利申请量已居世界第二位，国际发明专利申请量居世界第四位，在国际学术刊物上发表论文数量居世界第二位，科学论文被引用次数跃居世界第六位，研究和试验经费支出居世界第二位。中国已经成为世界高技术出口第一大国，成为一个世界研发中心、科技大国，将会提前实现2020年主要科技目标及量化指标，成为一个世界创新型大国。

玛雅：以上经济社会的总量指标证明，中国60多年来取得了巨大成就。但我们是人口大国，总量虽大，人均却小。从人均量来看中国今天的发展水平，是什么样的情况？

胡鞍钢：我们可以从人均量或个量指标同美国等发达国家比较，来看中国60多年来的发展。这里我采用一个追赶系数，即以美国的主要指标为100%来动态比较。1950年中国人均GDP相对于美国人均GDP的追赶系数仅为4.7%，到2010年已经达到25.6%；1950年中国成人平均受教育年限相对于美国的追赶系数为11.9%，到2010年已经上升为73.8%；1950年中国人口预期寿命相对于美国的追赶系数为60.3%，到2010年已上升为95.2%；1950年中国人类发展指数（HDI）相对于美国的追赶系数为29.1%，到2010年已上升为77.9%。从这些数据来看，后三个实物量指标比第一个价值量指标的追赶速度要快得多。这不仅更加真实地反映出中国现代化追赶的进程，特别是人的现代化追赶的进程，也直接反映出社会主义因素是实现现代化追赶的“加速器”。

显而易见，中国60多年来发生了巨大的变化，由贫弱的中国变为富强的中国。但是也要看到，中国仍然并将长期处于社会主义初级阶段，还面临诸多不平衡、不协调、不可持续的长期因素和可预见或不可预见的重大挑战，同时还处在全面追赶美国的加速阶段。中国将在追赶中超越美国的物质现代化和政治民主化，实现社会主义的现代化，即全面实现经济现代化、政治现代化、文化现代化、社会现代化、人的现代化以及生态文明建设现代化。当然，中国还有很长的路要走，还有很多的障碍要排除，所以对中国来说是两句话：一句是“不到长城非好汉”，另一句是“而今迈步从头越”。

玛雅：前面你谈到，西方学界对中国的发展前景众说纷纭，莫衷一是，从“中国威胁论”到“中国统治论”。你对中国 60 多年的发展历史以及可预见未来，有哪些不同于西方的论证？

胡鞍钢：针对国际上各种不同看法和争论，我通过十几年的研究总结，逐渐形成了三个核心观点。

第一是中国之路创新论——不只是技术创新，它更是一种理念创新、一种制度创新、一种市场创新。所谓理念创新，就是邓小平提出的“实事求是、解放思想”八个字，江泽民、胡锦涛又相继发展为十六个字，即“实事求是、解放思想、与时俱进、不断创新”。所谓制度创新，就是中国学习了市场经济，但是创新了社会主义市场经济体制。这不同于传统的社会主义计划经济体制，也不同于资本主义自由市场经济体制，而是充分结合和利用了社会主义和市场经济的两种优势。所谓市场创新，就是说，中国最大的潜力是十几亿人口的人均收入增长，最大的优势是巨大的市场，有了理念创新和制度创新，就会激发出更大规模的市场创新，最终中国将成为世界最大的消费市场。最后一个才是技术创新，中国要成为世界创新型国家，成为一个世界 R&D（研发）中心。

第二是中国机遇论。1995 年，我在新加坡国立大学讲学时提出“机遇与挑战并存论”。2003 年我又提出“机遇大于挑战论”。2007 年在《2020 中国：全面建设小康社会》一书中，我又提出“天时地利人和说”，从中国传统文化的角度进一步论证和支撑“中国机遇论”。现在我又有所发展，把它定义为“一个大有希望、大有作为和大有贡献的战略机遇期”——既是中国的机遇，也是亚洲的机遇，还是世界的机遇。

第三是中国贡献论。邓小平早就提出，中国对世界的和平贡献和发展贡献。从发展贡献来看，1995 年，我在《胡鞍钢集——走向 21 世纪的十大关系》中提出，中国要对世界发展做出四大贡献，即增长贡献、贸易贡献、减贫贡献和发展经验贡献。尤其是发展经验贡献，这是中国软实力的体现。从未来看，中国还要做出三大新的贡献，即绿色贡献、知识贡献和文化贡献。这是中国发展的外溢性和正外部性，将使中国大大超过欧美日国家对世界的贡献，还能避免它们对世界的负外部性——殖民主义、世界大战、国际霸权等。中国将成为“全球公益性产品”的最大提供者，尤其是在世界“和平发展”、构建“和谐世界”方面。

玛雅：你有没有相关的实证研究来支持“中国贡献论”的观点？

胡鞍钢：从全球 GDP 总量增长看，中国已成为世界经济增长第一大发动机。2007 – 2012 年间，不论是按购买力平价还是汇率法计算，中国对世界 GDP 增长的贡献率都显著超过美国，分别相当于美国的 2 倍和 3 倍（见下表）。

中美对全球经济增长的贡献（1978—2012）

单位：%

	1978—1993	1993—2007	2007—2012
GDP（购买力平价法）			
美国	21.12	15.71	13.32
中国	18.37	19.50	26.46
世界	100	100	100
GDP（汇率法）			
美国	28.34	23.93	10.20
中国	5.40	9.90	31.73
世界	100	100	100

计算数据来源：1978—2007 年数据：World Development Indicator 2013；2007—2012 年数据：使用 IMF 数据。

从全球贸易看，中国的贡献也越来越大，是世界贸易增长第一大发动机。最新数据显示，2013 年我国货物进出口总额 4.16 万亿美元，超过美国 2500 多亿美元，成为世界货物贸易第一大国。中国已经从最大的“世界工厂”变为最大的“世界市场”。

尤其值得一提的是中国对全球减贫的贡献。1981—2005 年，世界发展中国家贫困人口减少 6.56 亿人，其中中国减少 6.24 亿人，对全球减贫的贡献率为 95.1%。减贫是过去 30 年中国对人类发展最大的贡献。

创新，中国之路的一个关键词

玛雅：西方学界对中国模式的主流看法是“自由市场经济 + 一党专制”。这是西方概括的“关键词”。从中国视角来看，中国之路的关键词是什么？

胡鞍钢：我们党把过去 30 多年来中国的成功视为改革开放的成功，归结为两个关键词，一是改革，二是开放。1992 年党的十四大报告指出，新时期最鲜明的特点是改革开放。2007 年十七大报告又重申了这一点。邓小平尤其强调开放的意义，1985 年 7 月他在会见特立尼达和多巴哥总理乔治 · 迈克尔 · 钱伯斯时说，1978 年十一届三中全会以来我们走的是一条新路。所谓新路，就是两个开放，对内开放和对外开放。两个开放的作用，就是加速或者比较快地发展经济，发展生产力，我们叫社会主义生产力。

从我的研究来看，中国的成功有三个关键词：改革、开放，还有创新。我是用国家发展生命周期来解释中国的衰落与崛起。不断创新是一个国家迅速发展、迅速崛起、迅速强大的根本动因，中国的兴衰历史就是最好的证明。

玛雅：那么在你看来，中国最大的创新是什么？

胡鞍钢：我把影响国家生命发展周期的动因归结为创新二字，既包括国家创新，也包括地方创新、企业创新和人民创新，我称之为全面创新。那么，中国最大的创新是什么？我的回答就是：中国之路——一条既符合中国国情，又能顺应世界潮流、主动应对国内外挑战的社会主义现代化道路。中国之路是中国共产党的创新，也是中国人民的创新，是党的创新与人民的创新有机地结合在一起，自上而下与自下而上互动创新，从而共同完成了这一创新。这是十几亿人的共同创新，是世界上最大规模的创新活动。

从国家生命周期来看，中国的创新之路大概分为两个时期：第一个时期是 1949–1977 年，中国进入现代国家生命周期的第一阶段，即初步成长期。这个阶段主要是模仿创新、封闭创新；既有创新成功，如 1949–1957 年的第一个黄金发展时期，又有创新失败，如“大跃进”、“文化大革命”时期。

1978 年以后，中国进入国家生命周期的第二阶段，即经济起飞与迅速崛起期。这个阶段的创新是开放创新；是引进创新，大规模的技术引进和理念引进；是加速创新，创新的速度越来越快；是自主创新、全面创新、大规模创新。这几大创新成就了中国今天的崛起，还决定了中国未来的伟大复兴。

玛雅：也就是说，中国 60 多年来在共产党的领导下，经过全体人民共同努力，走出了一条既不同于前人，也不同于他人，既是史上，也是世上独一无二的社会主义现代化道路。

胡鞍钢：对。中国之路就是中国共产党领导中国人民书写自己的现代化之路。中国之路是中国人民的集体创新，也是中国共产党的集体创新，特别是几代党的领导人的不断创新，也包括毛泽东的成功与失败的过程。

毛泽东是中国之路的首创者，他的创新有成功之处，也有失败之处。他是先成功，后失败，晚年时期失败多于成功，然而，无论是成功还是失败，都成为后人的历史财富。邓小平既是中国之路的继承者，又是再创新者。他不是否定毛泽东的正确创新，而是继承这一创新；他不是否定社会主义政治方向，而是坚持这一政治方向。他的创新也是有成功，有失败；总体成功，局部失败，成功更多于失败。而且他能及时纠正失误——这是因为，毛泽东“文化大革命”的失败成为邓小平改革开放的成功之母。

玛雅：你在《中国之路》一文中谈到中国之路的1.0版、2.0版和3.0版，还提出中国的第一代、第二代、第三代发展战略，这三个“软件版本”和三代发展战略是如何界定的？

胡鞍钢：1999年新中国成立50周年之际，我在《知识与发展：中国新的追赶策略》国情报告中提出，中国领导人有两代发展战略。当中国进入21世纪时，需要第三代发展战略，就是“以人为本”的知识发展战略。其背景是为国家制定“十五”计划提供新的发展思路。

2005年我和王亚华在《国情与发展》一书中谈到，从建国以来的发展历史看，大约25年、30年有一次比较重大的转型。我们进一步说明了第一、第二、第三代发展战略，包括发展目标、发展观、工业化道路、发展手段等13个方面的不同之处。这三代发展战略既有相同之处，又有不同之处，并不是截然不同的。它们的相同点表现为发展战略的继承性，不同点表现为发展战略的创新性。每一代发展战略都是承上启下、相互衔接，与时俱进、不断创新，反映了不同时期中国领导人对现代化与全球化挑战的响应。当然，每一代发展战略都有历史的合理性与历史的局限性。以2003年中共十六届三中全会提出的科学发展观为第三代发展战略的重要标志，它既不同于传统的苏联模式，也不同于现代西方模式，而是有中国特色的中国之路。

2010年香港中文大学王绍光教授在《探索中国式社会主义3.0：重庆经验》一文中，提出了中国之路的三个“软件版本”。他认为，在“匮乏阶段”和“温饱阶段”，中国已经创造了辉煌的中国式社会主义1.0版和2.0版，并且取得了举世瞩目的成就。进入“小康阶段”，需要创新中国式社会主义的3.0版。我受他的启发，对这三个版本作出这样的评价：毛泽东的伟大功绩在于开创了中国之路1.0版；邓小平的伟大功绩在于升级至中国之路2.0版，江泽民进一步丰富了2.0版；胡锦涛又升级至中国之路3.0版，即提出了科学发展观——这是集60多年中国之路之大成。可以预期，今后的中国领导人将在这三个版本的基础上不断地升级换代，走出一条真正属于中国自主创新的中国之路。

玛雅：俄罗斯《莫斯科共青团员报》2012年9月4日文章说，对比俄罗斯与中国20年发展机遇和变迁，是成功的发展战略助中国迈上了“上坡路”。

胡鞍钢：中国正处在第三代发展战略时期或3.0版的社会主义发展阶段，我们仍然面临一系列具有挑战性的矛盾和困难，例如，人与自然之间的差距、城乡差距、地区差距、贫富差距，以及中国与世界不同国家的不平衡等突出性矛盾。胡锦涛在2012年“7·23”讲话中明确提出，“深入贯彻落实科学发展观仍然是一项长期艰巨的任务”。“我们必须以更加坚定的决心、更加有力的举措、更加完善的制度来贯彻落实科学发展观，真正把科学发展观转化为推动经济社会又好又快发展的强大力量。”这就是说，未来时期科学发展观仍然是社会主义3.0版的关键词、主题词。对此，我在2012年9月出版的《2020中国：全面建成小康社会》一书中，又从新的视角提出了这一科学发展观的五大支柱，即创新发展、绿色发展、协调发展、共享发展、共赢发展。

玛雅：请你谈谈这五大支柱的具体内容。

胡鞍钢：第一，创新发展。“周虽旧邦，其命惟新”。创新发展是科学发展的根本动力，是中国改革不竭的源泉，也是中国道路成功的根本原因。创新发展是发展观及发展道路创新、制度建设创新、科学技术创新、文化文明创新的有机统一；制度建设更加依靠原始创新，经济发展更加依靠创新驱动，科技发展更加依靠自主创新，文化发展更加依靠自觉创新，它们共同构成了“中国创新”。创新发展要求我们提高创新自主性、自觉性和原创性，继续开创共产党领导的全体人民共同参与的全面创新道路。

第二，绿色发展。“天人合一，天人互益”。绿色发展是科学发展的基本要求。与“吃祖宗饭，断子孙路”的黑色发展截然不同，绿色发展是“前人种树，后人乘凉”的可持续发展。绿色发展是“尊重自然、顺应自然、保护自然、受益自然、利用自然、反哺自然”，旨在人与自然和谐。绿色发展是走生态文明发展道路，建设低投入、高产出，低消耗、少排放，能循环、可持续的国民经济体系，建立节约型生产方式、生活方式和消费模式，建设资源节约型社会、环境友好型社会、气候适应型社会，发展循环经济、低碳经济和绿色经济，实施国家综合防灾减灾战略，建设绿色中国。

第三，协调发展。“极高明而道中庸”。协调发展是科学发展的根本方法。要正确认识和统筹协调发展中的重大关系，坚持改革发展中的稳定协调、城乡协调、地区协调、中央地方协调、经济社会协调、经济文化协调、经济国防协调、国内国际协调、个人集体国家协调。调动一切积极因素，化消极因素为积极因素，调动一切和谐因素，化不和谐因素为和谐因素。

第四，共享发展。“人人相亲，人人平等，天下为公，是谓大同”。共享发展是科学发展的本质要求。共享发展就是坚定不移走共同富裕的道路，促进人的全面发展，做到发展为了人民，发展依靠人民，发展成果由人民共享。以人为本，民生优先，公共服务均等化，使十几亿人民共同拥有发展机会，共同提升发展能力，共同提高发展水平，实现城乡共同发展，地区共同发展。全体人民各尽其能，共同创造各种财富；各得其所，共同分享社会福祉；和谐共处，共同构筑幸福安康社会。

第五，共赢发展。“得道多助，失道寡助”。共赢发展是科学发展在中国对外关系中的重要体现。共赢发展就是和平发展、开放发展、合作发展、互利发展。坚持在和平共处五项原则的基础上，同所有国家友好合作，求同存异，平等互信，对话协商，扩大共识。坚持在平等互利的原则基础上，同所有国家发展经贸关系。对发展中国家，先予之，后取之；多予之，少取之，特别是对最不发达的国家，更要如此。中国与世界各国已经成为利益、命运和发展的共同体，将与世界各国共同构建一个和平、和谐、绿色的世界。

总之，要毫不动摇地坚持科学发展观，在实践中不断丰富和完善科学发展观。以上五个方面的发展是科学发展观的重要组成部分，我们称之为科学发展观的“五大发展”。这是中国之路的原创，自觉传承了中国传统文化精神，深刻总结了中国实践的宝贵经验，充分体现了时代的新趋势、新特点。

中国制度增强了现代化要素，从而赶超美国

玛雅：国际社会用 miracle（奇迹）来形容中国的巨大发展成就，你提供的事实和数据表明，中国 60 多年来确实创造了一个奇迹。在你看来，这些成就的取得最主要的原因是什么？我们有什么制度优势，保证了中国之路的成功？保证我们在走了弯路后能够及时纠偏，

回到正确的方向？

胡鞍钢：经济历史学家们认为，富裕国家今天之所以富裕，是因为多少个世纪以来，他们设计出了能够使人改善物质生活状况的制度。富裕国家的人们之所以能更加健康，寿命更长，受到更好的教育，想出更多能促进生产力的点子，采用更为先进的技术，是因为能让他们安身立命的那个社会中的那套制度，允许甚至鼓励各种全经济体范围内的要素积累，包括机械设备、运输设施、技术、卫生、教育、理念以及理念所带来的成果。这种生产资本的积累只是经济繁荣最直接的原因，而真正的原因正是社会的进步。这也是为什么资本主义社会比前资本主义社会要进步得多、富裕得多、长寿（指人口预期寿命）得多的制度原因。通常西方学者都是把美国作为最成功的例子，并且在理论上从制度方面加以解释。

同样，我们也可以从制度上来解释，为什么中国能够成功并且追赶发达国家，特别是美国，从一个一穷二白、一穷二弱，落后挨打的弱国发展成为举世瞩目、具有世界影响力的社会主义现代化强国。这个制度显然就是我们的社会主义基本制度，包括政治制度、经济制度、社会制度等。这一制度的最大特征也是最大优势就在于，它有效地加速了现代化要素（劳动、资本、技术、知识、信息、教育、文化等）的积累、扩散和普及，从而加速了现代化的追赶，不仅能够追赶一般的发达国家，而且能够加速追赶美国这个最强大最发达的资本主义国家。

玛雅：你的意思是，社会主义制度优于资本主义制度，中国制

度优于美国制度？你是如何论证这个问题？

胡鞍钢：我对中国的研究，始终是以美国为追赶对象的。我的论证方法很简单，既然中国能够追赶美国，将来还会超过美国，就说明中国的制度优于美国。这也是我之所以采用追赶系数来做比较的原因。下图是 1950–2008 年中国 GDP 相对于美国的追赶系数，以及前苏联和俄罗斯相对于美国的追赶系数。2008 年美国发生金融海啸，至今经济复苏缓慢，从这四五年中国和美国的经济增速来分析，中国的追赶系数会更高。

中国、前苏联及俄罗斯 GDP 对美国追赶系数比较
（1950–2008，A–M 数据库，1990 国际美元，美国 =1.00）

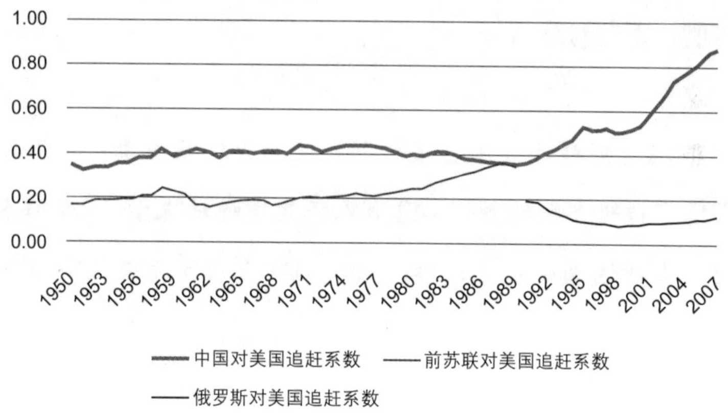

我们还可以对不同时期中国领导人的绩效做定量评价，来分析中国 60 多年来追赶美国的进程。很显然，1950–1957 年期间是成功追赶；而后 1958–1976 年期间追赶系数上下波动；1977 年之后又开

始了新的持续不断的追赶。同时，我们也可以比较中国与前苏联和俄罗斯的情况。通过这种比较研究，我们有几个重要发现和证明：第一，总体上看，中国成功地追赶美国，证明中国的社会主义制度比美国的资本主义制度更有效、更有优势。第二，从不同时期看，有一些差异性——每当中国领导人决策成功就会加快追赶速度；反之，每当中国领导人决策失误就会影响追赶速度，例如“大跃进”和“文革”时期，但是这些政治运动并不会改变追赶的根本趋势。第三，从苏联和俄罗斯的改革看，当转向资本主义道路时，就出现了大倒退，GDP相对于美国的追赶系数明显下降。尤其是叶利钦时期，下降幅度最大（见上图）。这种倒退，正是他们最大的对手美国所希望和乐见的，从凯南、杜勒斯到老布什、克林顿，都想在苏联的失败中实现“历史的终结”。

玛雅：《莫斯科共青团员报》那篇文章说，多年来，俄罗斯人反思自己国家转轨失败的教训，总有人不无遗憾地表示，“我们本应该像中国人那样遵循小步走战略，但我们却采用休克疗法向市场经济转轨。”

胡鞍钢：苏联和中国改革的不同结果，有点类似于唐代柳宗元在《封建论》中对周朝和秦朝的评价：“周之失，在于制；秦之失在于政，不在制。”这里的“制”是代表一整套制度。秦朝开创了郡县制，取代周朝以来的分封制，这是历史的必然趋势，在建立古代国家中央集权的治理模式上是非常具有历史意义的，成为此后两千多年封建国家的基本模式。这里的“政”是代表一整套政策。因为许多政策是过激的、过度的，使国家财力不堪重负，人民无法休养生息，秦朝就成了“短命”的古老国家。后来的隋朝也是类似的情况。

借古喻今，毛泽东晚年的失败不在于他所创立的现代政党，即中国共产党；现代国家，即中华人民共和国；现代社会，即社会主义社会的基本制度，而在于他所实行的“大跃进”和“文化大革命”的政策思路和手段的过失。也就是说，毛泽东晚年的失败“不在制，而在政”，不是他所创建的制度的失败，而是他决策的失败。而戈尔巴乔夫的失败却在制，他放弃了社会主义制度，解散了苏联共产党，摧毁了整个苏联，而且是无可挽回的毁灭。他的失败所造成的，既是历史的大悲剧，又是历史的大倒退。对此，不论是俄罗斯人民，还是其他独联体国家的人民，都深有体会。

影响世界需要
中国自觉、中国自信和中国标准

玛雅：戈尔巴乔夫的失败也反衬出邓小平的政治智慧。邓小平改革的底线是不照搬西方政治体制，这在今天仍然是中国改革的底线，是不可动摇的原则。但是现在从官方到民间，从高层到基层，

鼓吹西方"普世价值"的不乏其人，在学界，普世派的声音相当强势。你对这个问题怎么看？

胡鞍钢：中国从改革开放一开始，就面临三条道路的选择：一条是"老路"，突出表现为"两个凡是"。这条路没多长，1982 年党的十二大召开之前就到头了。另一条是"新路"，即中国特色的社会主义现代化道路。它是由三大要素组成的：一是现代化因素，二是社会主义因素，三是中国文化因素。这就是我们所看到的过去 30 多年的历程。还有一条是"邪路"，就是转向资本主义道路，也就是我们所看到的苏联解体、东欧剧变的历史轨迹。在这个过程中，苏联东欧的共产党领导人和知识分子热衷于宣传推广西方的"普世价值"，他们既是社会主义大厦内部的定时炸弹，也是国家解体、历史倒退的受害者。现在他们不少人痛定思痛，已经在反思反省，也有不少人非常羡慕中国，因为中国不仅避免了走上邪路，而且成功地开拓了社会主义的新路。

2012 年我曾与俄罗斯科学院院士、远东研究所所长季塔连科谈论中国道路的话题，他特别强调说，只有中国共产党才能开辟出社会主义道路。这条社会主义的中国之路，我称之为"人间正道"。2011 年我和王绍光、周建明、韩毓海[1]合著了一本书，书名就叫《人间正道》。

季塔连科还特别谈到，受西方思潮影响，中共党内的确有戈尔巴乔夫式的人物，有西方"普世价值"的倡导者。但我认为，这种

1　王绍光，香港中文大学教授；周建明，上海社科院研究员；韩毓海，北京大学教授。

价值观及思潮不会成为中国社会的主流，因为中国有自己的价值观，比如自强不息的精神，已经成为中华民族的精神；和谐哲学，已经成为中国共产党的执政哲学；和合思想，已经成为中国的天下观、世界观。

玛雅：那么在你看来，应该如何回应这种“普世价值”思潮？中国为什么不能实行西式民主？

胡鞍钢：中国为什么不能实行西式民主？这既是一个新问题，也是一个老问题。早在1949年毛泽东就回答了这个问题，他把西方和中国的关系称为“老师和学生”的关系。他说，帝国主义的侵略打破了中国人学西方的迷梦——很纳闷，为什么先生老是侵略学生呢？他还说，资产阶级共和国，外国有过的，中国不能有，因为中国是受帝国主义压迫的国家。一切别的东西，中国都试过了，都失败了。西方资产阶级文明、资产阶级民主主义、资产阶级共和国的方案，在中国人民的心目中，一起破了产。这就是为什么毛泽东所建立的新中国不是资产阶级的民主共和国，而是人民的民主共和国。

1949年9月17日，新政协筹备会在讨论新中国的国名时有三种提法：中华人民民主共和国、中华人民民主国、中华人民共和国。董必武建议采用第三个提法，他解释说，共和国说明了我们的国体，“人民”有确定的解释，已经把人民民主专政的意思表达了，不必再重复“民主”二字了。为此，毛泽东所领导的中国共产党创立了全国人民代表大会制度，而不是西方的议会制度，也不是苏联的苏维埃制度；创立了共产党领导的多党合作的政治协商制度，而不是西方的多党制或两党制轮流执政，也不是苏联的一党制；创立了民族区域自治制度，建立了多民族的统一的单一制国家，而不是美国或苏联的联邦制。这些基本制度符合中国人口众多、地域辽阔、各地差异甚大的国情，符合中国多元一体、统一强大的历史发展道路和发展大势，中国因此就成为独特的现代国家，具有独特的现代政党和现代社会的基本制度。

这是一种完全不同于西方民主的民主制，而它一旦形成，就产生了“路径依赖”，不仅一路延续下来，而且在实践中不断“试错”，不断“修正”，不断“改进”。这也解释了为什么改革开放后，邓小平拒绝采用西方式民主制度，重建、恢复和改革毛泽东所建立的基本制度，而不是推倒重来。

玛雅：习近平2012年6月在全国创先争优表彰大会上指出，民主集中制是中国共产党的制度优势。回顾我们党91年的光辉历程，什么时候民主集中制执行得好，党就能团结统一，党的事业就兴旺发达，不断前进；什么时候民主集中制执行得不好甚至遭到破坏，党的事业就会受到损失，甚至有被葬送的危险。相比西方民主制度，如何理解民主集中制的优势？

胡鞍钢：民主集中制不同于西方民主制度，它是一种新型的民主制度，又是一种具有生命力的民主制度。它是民主基础上的集中和集中指导下的民主相结合，旨在努力造成又有集中又有民主，又有纪律又有自由，又有统一意志又有个人心情舒畅的生动活泼的政治局面。民主集中制成为中国政治的基本原则，无论是执政党、国家领导制度，还是基层政权和组织，都是普遍适用的，只是具体的形式有所不同。这就超越了西方的民主制度，比它多了“一条腿”，我称之为“两条腿走路”，或者两大支柱。既有民主，又有集中；先民主，后集中；在民主基础上的集中，在集中指导下的民主；再民主，再集中。这样一来，各方参与者就成为可重复、可检验的政治博弈关系，有助于求同存异，激励合作，达成共识，既可以集中全国力量办全国大事，也可以集中本地力量办本地大事。这种优势已经为中国从国家到地方到基层的实践所证明，是最有效的制度和方法。

有民主无集中，就是无政府主义，任何国家和地方的大事都办不成或者办不好；有集中无民主，就是专制主义，“成也在汝，败也在汝”。在中国这个十几亿人口的大国，如何成功治理是没有先例的，实行民主集中制就是最大的民主实践，大大超越了西方的民主制度及实践，既避免了无政府主义的一盘散沙、四分五裂、一事无成的局面，也避免了专制主义的个人高度集权、个人凌驾于组织之上、家长制的危险。民主集中制就如同一个巨人的两条腿，走路既走得稳，又走得远，还比一条腿走得快。这也解释了，为什么中国能够快速地追赶美国。2020 年之前中国经济总量将超过美国，2030 年将会相当于美国的 2 倍甚至更多（参见胡鞍钢等《2030 中国》）。这将验证邓小平 1980 年所创意性地提出的“邓小平标准”：“我们进行社会主义现代化建设，是要在经济上赶上发达的资本主义国家，在政治上创造比资本主义国家的民主更高更切实的民主，并且造就比这些国家更多更优秀的人才。达到上述三个要求，时间有的可以短些，有的要长些，但是作为一个社会主义大国，我们能够也必须达到。所以，党和国家的各种制度究竟好不好，完善不完善，必须用是否有利于实现这三条来检验。”

我为什么称之为“邓小平标准”呢？就是针对许多人讨论中国的问题，特别是政治制度问题，基本上是鹦鹉学舌，以为可以把西方标准作为世界的唯一标准。其实没那么回事。这正是毛泽东所批评的贾桂奴才思想，在外国人面前伸不直腰。中国的改革是开放式的改革，中国的创新是开放式的创新，的确要学习世界经验，包括西方的经验，也包括他们的教训，但是更重要的是自主性的改革、自主性的创新。因为我们不仅是世界人口最多的国家，也是世界最大的社会主义国家，还是世界唯一的创新，历史继承，不断再创新并持续延传下来的中华文明的国家。这三个基本属性决定了，中国在向世界开放的过程中，在融入世界的过程中，在大规模影响世界的过程中，需要中国自觉、中国自信和中国标准。在这方面，邓小平是我们的楷模，也是后人的楷模。

玛雅：对于把中国发生的一切问题，比如 2011 年温州动车出轨、2012 年北京城发大水等，都归咎于政治体制原因的人，你如何评价和回应？

胡鞍钢：60 多年来，中国的社会主义基本制度保证了国家统一、民族团结、人民当家作主、经济发展、社会进步、文化繁荣——这就是我前面所谈到的“国家公益性产品”，从而确保了中国在世界上的大国地位以及和平发展作用。这是中国社会主义现代化大厦的基石，是第一个制度层次。在基本制度的基础上，又形成了中国特有的经济体制、政治体制、文化体制、社会体制等。这是第二个制度层次，是具体的体制安排，也难免会有许多体制弊端，改革主要是针对这些弊端。第三个层次是政策层次，体现为经济政策、政治政策、文化政策、社会政策等各项具体政策，也会有很多的政策问题，解决了老问题，还会出现新问题。因为任何政策都有利有弊，只要利大于弊，就是好政策，好政策也不是说没有问题；而弊大于利，就不是好政策，那么问题就会更大，这就需要具体问题具体分析，具体事务具体政策。

总是批评政治体制的那些人，常常把三个制度层次的问题混淆起来，而不是具体问题具体分析。比如动车出轨事件，它其实是一个管理问题——还不是技术问题，与基本制度、体制、政策根本毫无关系。我到南车集团所属的青岛四方机车车辆厂调研，有关专家给我做了详细讲解，因为所有的动车组信息都是即时掌握的，所以他们在事发后不久就初步得出了这个结论，事故是由管理不善造成的。很多持批评意见的人不但不了解情况，而且很不专业，跟这样的人对话经常说不通，只能让事实来证明。类似的事情多之又多，不调查研究，不了解情况就妄加评判，是极不负责任的态度。没有调查研究就没有发言权，这应当成为每一个发言者、评论者和研究者必须遵守的一个铁律。

在中国这样一个世界超大规模的社会体中，又正在经历快速的社会转型，发生各种突发性事件，出现五花八门的丑闻，是不足为怪的。但是这些成为新闻的事件和丑闻并不代表中国社会的主流，更不能决定和影响中国的发展方向和发展趋势。所以要“就事论事”，有什么问题就解决什么问题，不要一出事就随意联想，主观推断，信口开河。作为决策者，不要被杂七杂八、似是而非的信息和舆论所迷惑、所捕获、所左右，更不要在没有与各方充分商讨的情况下就主观盲目地急急忙忙做出决策。这样做的后果，远比某些突发性事件所造成的直接损失更严重，影响更广。

玛雅：从另一个角度来说，我们的制度确实存在问题，有些问题甚至相当严重，所以成为那些动辄从“根子上”找原因的人攻击的软肋。你认为，应该如何完善我们的制度？

胡鞍钢：不可否认我们的制度存在问题。世界上没有一个制度是尽善尽美的，没有“最优”的制度，只有“最适宜”的制度。什么是“最适宜”的制度？如何不断完善我们的制度？根据上述三个不同层次，要采取不同的方式。对第一个层次基本制度而言，是改善，即不断改善、不断完善和不断夯实基本制度的基础。前人打下的基础，后人不能挖墙脚，自毁长城，而要添砖加瓦，夯实基础，使社会主义基本制度更加坚实、更加巩固。对第二个层次具体制度而言，是改革，即不断改革、不断创新、不断完善各种体制的具体制度安排。一方面改革体制中的各种弊端，另一方面创新有效的具体制度，既可以先立后破，也可以边立边破，避免先破后立、只破不立，使各种体制的具体制度既有继承性，又有创新性；既有连续性，又有适应性；既有量变渐进性，又有部分质变性。对第三个层次具体政策而言，是调适，即不断调整、不断适应、不断改进各种具体政策，使它们具有连续性与叠加性、稳定性与持续性、调整性与适应性。

这三个不同的制度层次有着重要的不同特点，第一个层次应当基本稳定，要坚持，不要瞎折腾。第二个层次应当富有继承性与创新性，要摸着石头过河，既要“试错”，又要“寻优”——是次优，不是最优，也不可能有最优。第三个层次应该富有连续性与调适性。这里涉及基本国策和一般政策，又有很大的不同，基本国策更具稳定性，一般政策更具调适性。

“实现全体人民共同富裕”是中国真正的主流

玛雅：你在文章中谈到中国发展道路的三大要素，即现代化因素、社会主义因素和中国文化因素。其中第二、第三个因素都强调共同富裕，共同富裕既是社会主义因素，又是中国文化因素。你还谈到，在中共执政哲学中，从“先富论”转向“共同富裕论”是“和谐哲学”的标志。但是理论界有人却说，共同富裕是“亡国之道”。如果不坚持全体人民共同富裕，中国会不会偏离社会主义道路?

胡鞍钢：在中国发展道路的三大要素中，现代化因素不断扩散，不断传播，不断应用，也不断创新，已经成为中国走向现代化的基本趋势。这突出表现为“六化”，即农业现代化、新型工业化、新型城镇化、信息化与知识化、基础设施现代化，以及全球化和区域一体化。这“六化”，我称之为中国现代化的六大动力，它们彼此相互作用、相互支撑、相互促进。但是现代化因素分布在不同的部门、不同的产业、不同的地区、不同的人群，既不平衡，又不同速（度），这就出现了我们所面对的工农差距、城乡差距、地区差距、贫富差距等问题。这是现代化的必然趋势，也是现代化的成本与代价。所以，现代化并不是免费的午餐，也会有成千上万的问题。

对于现代化造成的问题，我们不能放任自流，任其自由发展，这就需要另外一个因素，即社会主义因素——社会主义因素不断扩散，不断传播，不断应用，也不断创新，来与现代化的负面因素、风险、成本和代价“对冲”。中国社会发展的逻辑一定是，现代化因素越强，社会主义因素就需要越强；中国越是现代化，越是需要社会主义的现代化，两者缺一不可。这也是中国既不同于美国等西方发达国家，也不同于印度等发展中国家之所在。因此，中国的现代化道路不仅使一部分人、一部分地区先富起来，更要使全体人民、全部地区共同富裕起来。共同富裕是十几亿中国人民的民心所向，也是中国共产党的执政目标、执政纲领和政策的基点。正如胡锦涛总书记 2011 年 7 月 1 日《在庆祝中国共产党成立 90 周年大会上的讲话》中所言，实现全体人民共同富裕，中国的道路就是坚定不移走共同富裕的道路。

这才是中国真正的主流。所谓“亡国之道”的说法从来都不是主流，也上不了台面，而将在中国社会主义现代化的历史潮流中被唾弃，被淹没。

我们在《2030 中国：迈向共同富裕》一书中不仅论证了为什么要共同富裕，还专业化地详细分析了什么是共同富裕社会，如何走向共同富裕社会，以及共同富裕社会对促进世界性的南北大趋同的全球意义和历史意义。这也正是中国共产党的历史使命和历史任务，不仅要使全体中国人民共同富裕，而且要使世界发展中国家共同发展、共同富裕、共同繁荣。换言之，中国要与世界各国，特别是南方国家，共建大同世界。“大同世界”是我们这本书的另一个核心词。

玛雅：胡温新政初期，改革形成新的共识，在政策原则上作出了重大调整——从 1987 年党的十三大所提的“拉开收入差距”转为“维护社会公平正义”，从“鼓励一部分人先富起来”转为“让全体人民共享改革发展成果”。在施政中注重民生，推出一系列社会政策，深得民心。但是近几年来，中国的贫富差距加大，民怨有加，主要是什么原因造成的？有没有政策导向上的原因？比如偏向资本、过于依靠市场、私有化程度过大？

胡鞍钢：从中国改革开放的历史看，实现社会主义现代化，使十几亿人民摆脱绝对贫困，并且逐步富裕起来，这是一个相当长的发展过程。这个过程先后经历了两步走或两个阶段：第一个阶段是“先富论”，即让一部分地区和人口先富起来。邓小平在1978年说，这是一个大政策，一个能够影响和带动整个国民经济的政策。1987年党的十三大报告提出：“我们的分配政策，既要有利于善于经营的企业和诚实劳动的个人先富起来，合理拉开收入差距，又要防止贫富悬殊，坚持共同富裕的方向，在促进效率提高的前提下，体现社会公平。”1993年十四届三中全会明确提出“效率优先，兼顾公平”的原则。后来党的十五大报告、十六大报告都坚持和重申了这一原则。

2002年以后，中国开始进入第二个阶段，即共同富裕阶段。2002年党的十六大报告明确提出“要在本世纪头二十年，集中力量，全面建设惠及十几亿人口的更高水平的小康社会”这一核心目标。2005年十六届五中全会提出“更加注重社会公平，使全体人民共享改革发展成果”，进一步明确了社会公平、社会正义的原则。这标志着中国开始从“先富论”阶段转为“共同富裕论”阶段，从“效率优先”原则转为“关注公平”原则，从不平等机会转为平等机会，从不和谐社会走向和谐社会。

玛雅：关于这两个发展阶段，有没有相关的实证研究能够显示前后阶段的变化趋势？

胡鞍钢：我们来看看三大发展差距的变化趋势：第一是城乡居民收入差距，不论是按现价收入还是按不变价格计算，都呈现出缩小（1978–1985年）–扩大（1985–2009年）–缩小（2010年之后）的趋势。

第二是各地区发展差距，按不变价格的人均 GDP 计算，呈现出缩小（1978–1990 年）– 扩大（1990–2004 年）– 缩小（2005 年之后）的趋势。从人类发展指标看，既是大进步，又是大趋同。所谓大进步，是指 1982 年全国 97.2% 的人口在第四世界（低人类发展水平，HDI<0.5），2.8% 的人口在第三世界（中等人类发展水平，0.5 ≤ HDI<0.7），到 2010 年全国 63.3% 的人口在第三世界，32.5% 的人口在第二世界（高人类发展水平，0.7<HDI ≤ 0.8），4.2% 的人口在第一世界（极高人类发展水平，HDI ≥ 0.8）。这意味着，全国 1/3 以上人口已经进入世界高或极高人类发展水平，也可以说率先进入了小康社会。我们估计，到 2020 年，除西藏外，中国内地其他 30 个地区均将进入第二世界和第一世界，是可以实现全面建成小康社会这一核心目标的。所谓大趋同，是指各地区人类发展指数的相对差异系数持续下降，表现为在大进步中大趋同，在大趋同中又不断大进步。

第三是贫富差距，按最高收入组人口和最低收入组人口计算，无论是城市和乡村比较，还是全国比较，都是持续拉大的。这也反映了中国发展差距的复杂性、多样性。不过，尽管人人都感觉差距拉大，从专业分析和老百姓的个人感受来说，却是有很大差异的，整体分析、森林式分析与个体分析、树木式分析有很大的不同。

回到共同富裕的话题。仅仅依靠市场机制，是无法实现全体人民共同富裕的。实现这一目标需要政府的“公共服务之手”，需要依靠国家决策机制、财政转移支付机制、社会保障机制、扶贫和减少贫困行动计划等手段，同时也借助市场机制的手段来促进这一目标的实现。我们在《2030 中国：迈向共同富裕》一书中提出迈向共同富裕的主题及含义，包括四个方面：城乡发展水平提高及趋同；地区发展水平提高及趋同；基本公共服务均等化；人人享有社会保障。至于贫富差距能否缩小，现在我们还难以预测。但是如果实现了上述四个方面的目标，就可以认为，中国进入了共同富裕的社会。如果说，使中国人民普遍相对富裕起来的目标基本实现，创造了第一个“中国奇迹”，那么第二个“中国奇迹”就是使十几亿中国人民共同富裕起来。这可能是最艰难的目标，也一定是最伟大的目标。以 2002 年党的十六大为起点，中国需要花 30 年或更长时间，是有可能实现这一目标的。这不仅是社会主义的本质，更是十几亿中国人民的根本利益、共同利益和长远利益。

符合“挑战–应战”模式的螺旋式上升之路

玛雅：你在《中国之路》文中谈到，中国发展中的很多失败是领导人自己“折腾”造成的。中国今天如何才能做到不折腾？如果像一些人主张的那样，我们从中国之路走向美国之路，这是不是折腾？是不是自毁长城？

胡鞍钢：从新中国60多年的历史看，影响中国发展进程的有国内外各种因素、党内外各种因素，而决定中国发展进程的主要是国内因素。国内因素主要是政治因素，而政治因素主要是中国共产党因素，中国共产党因素主要是党中央因素，党中央因素主要是决策机制因素。邓小平曾经指出："中国问题的关键在于共产党要有一个好的政治局，特别是好的政治局常委会。只要这个环节不发生问题，中国就稳如泰山。"因此，中国的许多失败，固然有其他国内因素的影响，但最核心的因素就是决策机制因素。

1949年新中国成立以来的历史告诉我们，发展战略决策的成功是最大的成功，发展战略决策的失误是最大的失误。所以，关键的问题是，如何保证决策成功，防止决策失误。从中国的决策机制演变看，过去30多年是最好、最稳定、最有效的时期，已经从毛泽东时代的个人决策转变为邓小平时代延续至今的集体决策，从封闭决策转变为开放决策，从独自内部决策转变为参与咨询决策。中国改革开放的实践证明，集体决策、科学决策、参与咨询决策是过去30多年巨大成功的保障，也是未来30年取得更大成功的保障。

玛雅：2008年以来，中国的中央领导集体在应对金融危机和经济滑坡中表现出的领导力、决策力和执行力，令西方国家的决策者们羡慕不已，不得不望洋兴叹。

胡鞍钢：中国的集体决策制度不同于世界上类似于美国的个人总统制或总统个人制。中国共产党的政治家集团是由优秀的治党治国治军领导人才组成。中国的领导人是在实践中锻炼出来的，他们政治坚定、坚强有力、奋发有为。中国政治家集团的成员构成、质量水平以及团结统一的程度，是中国创新社会主义现代化道路、实现中华民族伟大复兴的决定性因素。

反观美国，近年来的事实表明，美国的总统制度安排是典型的个人专权、个人专断制度。小布什当政时一个人就能决定先后发动以反恐为名的阿富汗战争和伊拉克战争，这样的决策是明显的低级错误。小布什执政8年，美国的最大负外部性就是向全世界200多个国家和地区“出口”金融危机，他却连一句“对不起，我错了”都没说过，便一走了之。这是典型的美国总统制度失败的案例，而且是一错再错，错上加错。这样一种制度，在它问题已经明显暴露之时，中国人为什么还要迷信美国、追捧美国？

前面我引述了邓小平的话，照搬别国的经验，从来都不能成功。过去我们照搬苏联计划经济模式不能成功，今后如果照搬西方政治模式也不可能成功。古今中外的历史经验教训告诉我们，只有根据中国国情的自主创新发展之路才是一条成功之路。为了保证未来我们发展战略的决策成功，防止决策失误，中国必须坚持自己创新的独特的党和国家集体领导决策制度和机制。

玛雅：你在《中国政治经济史论（1949—1976）》一书中乐观预期，2020－2050年将是中国经济的强盛期。这个预期会不会出现变数？

在今天西方资本主义世界遭遇危机的情况下，中国的路该如何走才不会偏离正确方向？

胡鞍钢：如何保证中国未来沿着已经走过60年的道路继续走下去？我提出“五个不折腾”，即政治上不折腾、经济上不折腾、社会上不折腾、生态上不折腾和国际上不折腾。

第一，政治上不折腾。这个问题，已故前国家主席李先念1981年的一次讲话给了我们明确的启发，政治上不折腾就是不能再犯“文化大革命”的政治错误。

第二，经济上不折腾。就是不能搞大跃进，避免经济发展的大起大落，保证持续稳定协调发展。实际上从1990年代中期以后，中国基本上避免了大起大落的经济现象。

第三，社会上不折腾。就是不要搞社会运动——“文革”中的红卫兵运动、1989年政治风波都是瞎折腾。不能让社会折腾，这是为了保障国家的核心利益。也因此，及时果断平息1989年政治风波是邓小平一个非常伟大的功劳，他使中国避免了苏联式的灭顶之灾。事实上，实行改革开放并不代表改革开放就一定成功，正是在最关键的时候避免中国走上邪路，才保证了改革开放获得成功。

第四，生态上不折腾。生态折腾会给后世子孙造成恶果，所幸，从1990年代中期以后，中国就开始减少生态上的折腾。进入21世纪后，生态建设、生态保护、生态安全、生态文明成为重要的发展思路。

第五，国际上不折腾。中国不称霸，不折腾别人，也不参与别人折腾，而要坚持和平发展，推进建立和谐亚洲、和谐世界。

以上这五个不折腾，如果我们能够坚持，就能保证未来的中国之路继续顺利地走下去。

玛雅：你一向是唱响中国的乐观派。你说，不从北京的谈论看中国，因为那些谈论并不代表真正的中国。但是，中国目前存在很多问题，面临很多挑战，对于下一步发展和改革的方向，似乎也缺少共识。在这种情况下，你对中国的未来仍然感到乐观吗？

胡鞍钢：在回答你这个问题前，我们先回到中国之路的命题。中国和西方的经验证明，世界上没有一个最好的现代化模式，也没有一个尽善尽美的政治制度，只有最适合自己国家的制度，我们只能开辟自己的道路。世界上没有一条笔直的现代化大道，它总是要经过“九曲十八弯”，但总会“柳暗花明又一村”。中国领导人治国理念的发展过程经历了肯定→自我否定→再肯定→再创新的过程，中国的社会主义现代化过程也相应地经历了先成功，后失败，再成功，再创新的过程。中国没有一成不变的发展模式，而是走了一条不断被创新、被超越的新路，中国的发展之路是一条崭新的路。迄今为止，我们对这条路的认识才仅仅是个开始，还没有真正认识它，更没有真正深刻地理解它。这需要更多的认真思考和总结，更需要从历史长河的纵深和国际广阔的视角来研究、比较和鉴别。中国的发展之路是不断探索之路、不断学习之路、不断创新之路，是符合“挑战－应战”模式的螺旋式上升之路，又是没有完结、没有尽头之路。

不可否认，中国今天存在很多问题，面临很多挑战。但事物总是发展的，只要我们沿着过去60多年走过的路继续坚定不移地走下去，就一定会“青山遮不住，毕竟东流去”，不但能克服存在的问题，战胜各种挑战，而且未来中国将会对世界做出更大的贡献。

2012 年 10 月作于北京

2014 年 7 月改于北京

自工业革命以来，机器装备制造的发达程度和技术水平，成为世界各国国力的象征，成为划分“工业化国家”和“发展中国家”的一个分水岭。

回顾共和国60多年的工业化历程，最值得中国人骄傲的是，我们在中国共产党的领导下，在当年一穷二白的条件下，经过艰苦卓绝的努力，建立了自己的装备工业基础，形成了较为完整的工业体系和相应的技术能力。装备工业成为国家独立工业体系的核心部分，至今仍然是中国制造业的中坚力量。

60多年的经验告诉我们，没有坚强、独立自主的工业，就没有中华民族的崛起。没有自主的、具有国际竞争力的装备工业，在日益加深的全球化时代，中国的工业就会失去脊梁，经济主权就会丧失，国家的独立与安全、人民的长远幸福就会失去保障。

挺起中国工业的脊梁

高梁

国家发改委宏观经济研究院体改所研究员。
主要著作有《挺起中国的脊梁：全球化的冲击和中国的战略产业》
《中国装备制造业的自主创新和产业升级》
《理直气壮地做大做强国有企业 》等。

访谈时间：2012 年 10 月

访谈地点：北京

经济全球化中突出、独特的中国因素

玛雅：2008 年美国金融危机爆发，引起国际国内对虚拟经济、实体经济的热议。在今天全球金融危机仍在持续、世界经济低迷的情况下，实体经济对于重振世界经济的意义何在？对于中国经济的领跑地位意义何在？

高梁：今天谈实体经济，要从全球的角度谈。上世纪 90 年代初，东西方两大经济体系在数十年的竞赛后，苏联阵营垮掉了，以卢布结算的华约组织也随之消亡。从此，美元走向了全世界，全球贸易和投资的自由化达到一个空前的程度。这中间特别突出的是中国因素，现在来看是一个非常独特的因素。独特到什么程度？可能是世界工业史上的一大奇迹。

玛雅：外媒评论说，过去 10 年来，中国经济实现了自工业革命以来无可匹敌的高速发展。

高梁：的确。中国改革开放已经超过 30 年，至今发展势头不减。你看中国工业发展图表，从 1980 年开始百分之十几、二十的往上长（见下图）。这样的增速，不要说外国人，就连我们自己都眼镜大跌。到目前为止，都还不敢说已经穷尽了中国 30 多年来快速发展的动因。

1952—1985 经济增长指数

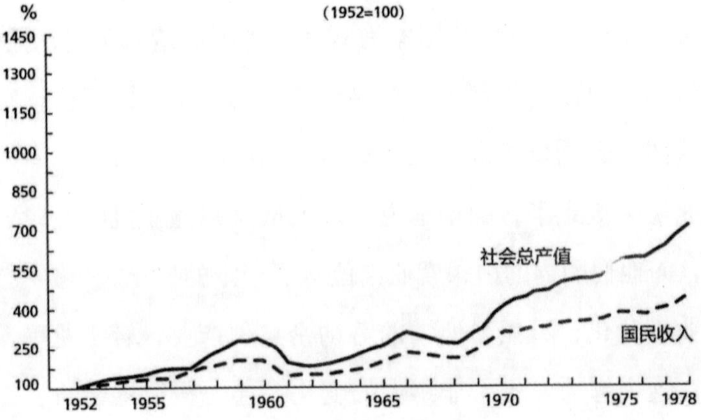

引自《中国经济年鉴》1986

1952 年以来沿海、东北、中部、西部工业增加值变动趋势

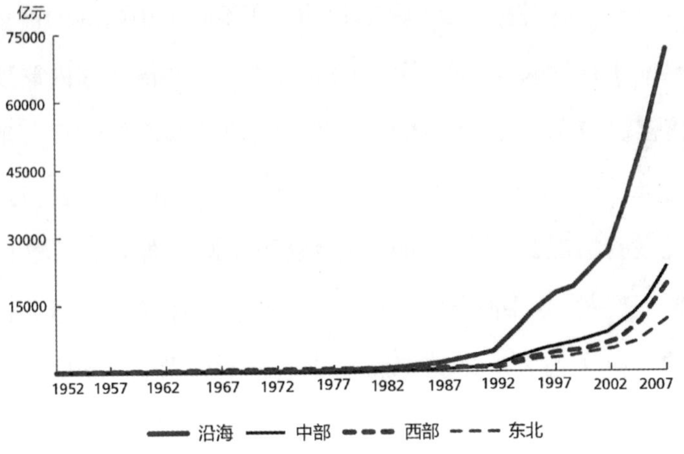

引自《中国工业发展报告》2008

全球化以后，西方国家的产业实现了细分化，“产业链”这个词是最近十几年才时兴起来的。

玛雅：为什么会在全球化的情况下出现产业细分化？

高梁：因为以西方发达国家为基地的跨国制造业集团，把低端、低附加值的行业或加工环节，转移到低收入水平的国家去，实际上是利用这些国家的低工资，赚取更多的利润。美国人说，中国把他们的就业机会抢走了。确切地说，是大量蓝领就业机会流向了发展中国家，而他们国内的白领就业岗位有了一定的扩张。

产业细分化一开始是所谓的劳动密集型产业，轻工业等。2002年以后，这个趋势发生了非常大的变化，连一些很重要的装备制造环节，都从西方国家往外流失。实际上，这几年我们轻纺产品出口的增速远远低于装备工业产品。

我这里有一些数据，2001–2011年10年间，中国纱的产量增长不到10%；化纤增长4倍，彩电4倍，冰箱7–8倍，国内需要的发电量3倍多。汽车从2001年的200万辆到2011年的1800万辆，增长了9倍，轿车14倍。原来以为加入WTO我们的轿车会被进口车挤垮，现在的情况是，中国生产的合资车不断往外打。照这样的趋势——轿车产量10年间长了14倍，美国车、日本车的市场将来要被中国的合资车占领，毕竟中国在成本上有优势。美国人现在说，他们的实体经济如何如何，潜台词是，他们最拿手的制造业很大一部分流失了。

玛雅：金融危机教训了美国人。美国人尝到了玩弄虚拟经济的苦头，想要重振实体经济，把在海外的美国企业搬回国内。

高梁：美国的金融危机实际上是重走英国的老路。20世纪初英镑曾经是世界货币，但是英国工业一旦被德国和美国超过后，英镑的优势就不复存在了，所以它的地位被取代是必然的。那么人们就可以推测，随着美国的制造业向外转移，第三产业扩大，美元的产业支持必然衰落。所以，美国人今天在痛定思痛、寻求增加实体经济的时候，实际上是要挽回制造业外流，以保持美元的地位。美元地位丢了，美国的霸权地位也就完了，就没法去获得别人的财富了。

但是想挽回没那么容易，不是我们中国把得住，是他们的资本家不愿意回去，是跨国公司不愿意。资本家要赚钱呀！这是问题的实质。就像当年陈水扁为了减少台湾对大陆的经济依赖，一定要台资撤回去，投到东南亚。东南亚的劳动力比中国还便宜，干吗不去呀？可台商就是不去。一个国家的工业为什么能有这么强大的吸引力和增长力？这不是一个简单的经济学三要素分析就能说清楚的。

新中国的前30年功不可没

玛雅：那么在你看来，中国为什么能有这么大的吸引力和增长力？

高梁：2009 年你们研讨中国模式，已经在很大程度上说明了这个问题（参见潘维、玛雅主编《人民共和国六十年与中国模式》，潘维主编《中国模式——解读人民共和国的60年》）。但如果从工业发展的角度来看，这和中国深厚的社会人文基础有关，和我们独特的工业化道路有关。

国家工业化的道路非常漫长，发展过程中矛盾很多。一般来说有几个方面：资金、技术、人力资源、交通、能源、基础设施，还有市场。后搞工业的国家在企业组织力上不如先行的国家，国家组织力也不如人。中国在这方面，要说企业的组织力，可能过去没这个传统，但是国家的组织力一点都不差。共产党在这方面，远远超过之前的北洋政府和国民党。这是共产党的优良传统，没有这个优良传统，中国就是一盘散沙。

玛雅：动员群众、组织群众，是共产党的传统。中国革命靠这个取得了胜利，搞建设还是靠这个。

高梁：杨振宁2008年在凤凰卫视“世纪大讲堂”讲过这个问题，和你们所谈的中国模式有相同之处。我当时听了觉得特别新鲜，一个科学家能有这样的见解。中国为什么能发展这么快，持续二三十年以每年10%的速度增长？杨振宁总结了几个原因：第一，在共产党的领导下，中国在前30年已经形成了一个工业基础和科技基础，形成了一支有经验的工业管理队伍和技术队伍。第二，实现了基础教育的普及和初步的社保和医疗体系，培养了一代素质良好的劳动大军。第三，形成了比较完备的交通动力水利等基础设施。第四，政府具有较高的行政效能，全社会形成对中央政府的基本向心力。

最后一条才是市场化的改革发挥了经济增长的潜能。杨振宁还谈到，中国人勤劳、聪明、肯学习；社会观念具有平等意识，有了平等意识才有进取心，希望能改变自己的境遇。

玛雅：杨振宁2008年在新加坡也做过一个演讲。他说，从传统文化的角度来说，中华民族具有勤俭和艰苦耐劳的传统，尤其是“俭”的影响直接促成中国今天1.8万亿美元外汇储备。统一的悠久历史则培育出中国人极大的向心力，加上中国没有种姓制度，避免了复杂的人种冲突和宗教冲突。另一方面，自新中国成立以来，政府重视教育、扫除文盲，在改革开放后加快基础设施建设，并且以虚心的态度采取务实灵活的政策，实现了经济的快速发展、社会的安定和人民的脱贫致富。

高梁：杨振宁的总结促使我进一步思考，什么是中华民族的历史性选择？共产党在新中国的前30年实现了基础教育的普及，这是其他发展中国家很难做到的。改革开放后国家加快了基础设施建设，也是因为有前面的积累。所以说，前30年是下了大力、花了大钱的，你看不到它产值的增加，但是它为后来的发展打下了基础。回顾新中国60年的工业化历程，我认为最值得庆幸和自豪的就是，我们在共产党的领导下，在当年一穷二白的条件下，节衣缩食，竭尽全力，建立了自己的装备工业基础，形成了较完整的工业体系和相应的技术能力。

玛雅：前30年功不可没。

高梁：而且前 30 年的功不可没，恰恰是要靠计划经济才能实现的，计划经济在基础建设方面是有优势的。这一点连美国人都承认，早就说过这话。日本和俄国的现代化，政府在这当中的作用不可替代，因为它有很高的组织力，而且能够动员资源。计划经济最有效的，第一是把个人的消费压到最低限度，第二是不分贫富，把所有的剩余资源都给挖掘出来。1949 年中国的积累率是 5%，新中国成立后，没有低于过 20%。打土豪分田地，赎买资本家经营资产，国家用尽一切办法控制资源。“一五”时期，是投资效率最好的时期。通过这样一种强行的积累和集中指导下的投资，在短短十几年中，中国形成了自己的工业基础和科技基础，一个贫穷的国家迈上了工业化的第一个台阶。这一点恰恰是我们和印度以及其他大的发展中国家不一样的地方。当然，这是一个艰苦创业的阶段，一代人付出了沉重的代价，还经历了两次大的折腾，一次是 1959 － 1962 年，一次是 1966 － 1967 年，工业出现了负增长。

但是，根据国家发改委经济体制与管理研究所人员的数据分析，共和国前 30 年工业增长率也在 11% 左右。也就是说，总体评价，前 30 年的工业发展并不是乏善可陈，而是取得了很大的成就，而且前 30 年的工业增长是完全依靠内部积累实现的。没有这样的成就，就不可能形成杨振宁所说的那几个基础条件。但前提是，政府要有组织力，要清廉，如果是一个低效腐败的政府，是做不成的。而且社会得平等，没有明显的贫富差距，大家要穷一块穷，一块勒紧裤腰带，集中力量办大事。这才是共产党的传统，共产党对中国的工业化奠基起到了不可磨灭的历史作用。

玛雅：但是很多人不这么看。他们一方面否认前30年的建设成就，割裂前30年与后30年发展的连续性；另一方面主张完全市场化、私有化，取消国家经济中的公有制成分。

高梁：关于体制和政策问题，到今天经济学界还在争论不休，两种意见吵得不可开交。特别是2012年十八大召开前几个月，自由派的观点主导了话语权，主张实行彻底的，还加了个定语——“公正的”——私有化。国企要私有化，金融要私有化，政府要最大限度退出，不能干预经济。

持这种观点的人，一个很大的问题是不懂得工业经济的结构，以为只有市场，只有私有经济才有动力，才有效率。似乎在他们眼中，工业经济的发展就像是农村种地和集市贸易，你卖给我，我卖给你，只要实行私有经济，有微观的积极性就可以了。然而，事实远非这么简单。工业发展第一要讲技术，第二要讲规模，第三要讲国际竞争。特别是国际竞争，作为一个后进国家，如果完全市场化、完全开放，出路只有一条，就是彻底变成一个依附性的经济。你的资本不如人家的有效，技术不如人家的先进，你的产品就没有销路，就只能被进来的外国资本控制你的产业，包括主导产业，那你最终就没有经济主权。这个结果和我们的发展目标是根本不相容的。

玛雅：成为依附性经济，失去经济主权，可不可以说是工业殖民化？金融殖民化？

高梁：可以这么说。应该看到，中国当前不是不存在这种风险。

所幸的是，1949年新中国成立时，在《共同纲领》中关于国民经济有一条，叫做驱逐帝国主义势力，废除外国在华的一切特权。就是说，请他们统统走人，我们自己干。那时苏联帮了我们一段时间，但是它帮助我们，肯定也想控制我们。我们没让它控制，独立自主干，独立自主地形成了一个工业的核心结构。

所谓的工业核心结构包括几个部分：一个是基础性的，比如电力工业，或者广义的能源工业，还有交通运输、通信等。这是一种大规模、跨地区的产业，而且是技术驱动的。它是全部经济的基础，是带有公益性的。一般来讲，这部分支柱性的行业掌握在国家手里，或者有人说由国家垄断，这是应该的。这也是当年孙中山的一个主张。另一个是带有竞争性的装备制造业，是自主性和支持技术进步的核心，有多种类别，而且还在不断扩充。所谓技术进步、创新，主要指的就是这部分，而它又支持着国防工业。有了国防工业，才能保卫国家的独立和安全，国家安全了，社会才能稳定，社会稳定，才能实现经济增长的良性循环。

在这几个基础类核心重工业的支持之下，满足人民需求的轻纺工业、家电产业，支持农业的各种产业，才有施展的空间。1978 年开放之前，中国人几乎不知道彩电、冰箱是什么，可短短五六年的时间，我们自己造的彩电、冰箱已经上市了。如果当时没有这样的机械制造基础，没有这样的人才基础，是不可想象的。中国现在有工业管理人才、技术人才，能够消化吸收世界先进技术，能够组织生产，而且有自己的国内统一的销售网络和市场，这一切，前提就是要有一个工业核心结构。这个部分在中国自己企业的控制之下，我们的经济才有独立性。

美国人怕什么？就怕中国经济把科技带动起来

玛雅：中国目前的实体经济在整个国家经济中占多大比重？在世界上处于什么地位？

高粱：经济总量上，中国已经是世界第二了。2006年是第四，过了两年超过德国成了第三，2010年超过日本成了第二。其中的核心带动部分还是工业，或者广义的第二产业。2011年中国的GDP是47万亿元，其中工业的增加值18.9万亿元，占43%左右。大体的比例是，农业占GDP的10%，二产43%–44%，其他40%多是三产。

网上有人计算，中国的工业在全球的比重，用美元汇率换算，仅次于美国，占19%。应该说，这是一个举足轻重的份额。可以有把握地预见，中国工业的规模肯定能超过美国，成为世界第一。中国装备制造的规模早在五六年前就超过了美国，成为世界第一。

值得指出的是，尽管我们的工业在体量上已经很大，但是从产权和收益权来说，当中有一部分不能算是我们的。在工业领域，已经形成了国有、民营、外资“三分天下”的局面。根据2010年的统计数据，中国工业产值中，国有或者国有控股的、民营的和三资的，比例为26:48:26——国有26%，民营48%，外资26%。外资的26%中，港澳台和美国、日本、欧洲这些纯外资的比例大概是1/3和2/3。也就是说，从总的经济来看，中国工业中17%的产值是由外国公司完成的。不论国际经验还是我们自己的经验都说明，外资的作用是双刃剑。一国经济中外资总量达到一定比例，外资的负面作用必然抵消其正面作用。所谓的“越开放越有利论”是地道的单线思维，理论上站不住脚，用它指导政策制定是有害的。

玛雅：在技术上，我们目前是什么水平？居于第二梯队？

高梁：我们可以算是第二梯队的水平。当然，技术水平有时候不好用一个可信的量化指标来计算。现在站在前排的是美国、日本和欧洲，无疑它们在技术上是领先的。尽管它们的实体经济大量外流，但是高附加值的工业行业或环节还在手里，核心技术部分还在手里。这是什么意思呢？工业的各个行业是要不断研发、不断技术进步的，其中最核心的部分还是由它们的大型跨国公司占有。比如汽车，美国、日本、欧洲的八九家世界级企业，现在产能大量外流，但是汽车有几大总成，其中每一个部分它们都有自己核心的技术。比如底盘、发动机、传动箱和电子控制系统等，要由总体设计将这些部分结合起来，总体设计也是一项核心技术。在世界级汽车企业中，这些技术已经有上百年的积累，这种技术积累不仅是存在于技术团队个人脑子里的经验，而且建立了数据库。比如发动机，从基础理论到材料、加工、总体设计、未来的发展方向，各项变量之间的关系，也就是工程学的规律性的探索，都是靠数据库支持的。总体设计也是，包括各种性能——减少空气阻力，刹车的灵敏性、稳定性、可靠度，都有数据库。在这些数据库的支持下，它们进行新车型的制造、试验、检测、定型，然后试生产，再加以改进，最后合格了，大批量生产上市。这套东西才是人家的看家本领，绝不可能拿给别人看的。

任何新产品都要经过这个过程。现在又加上电子信息技术，越来越先进。一个新车型人家已经设计好了，拿到中国来生产，中国企业负责总装就行了。那么你想想，我们想跟上他，能不能跟得上？我们的奇瑞、吉利、长安都想自己走，也下了很大功夫。但问题在于，我们毕竟时间还太短，技术积累不足，而且国内几大汽车厂各干各的，多数还傍了外资“大款”，很难形成自主研发的合力。现在要跟上他，确实不是一朝一夕马上就能跟得上的，一定要追赶，追赶，再追赶。你不跟他还不行，不跟你就完了，你的产品质量总是不如人家。不如人家就卖不出好价钱，卖不出好价钱就没有利润，没有利润就不能去挖高等人才，没有高等人才技术就上不去。这就叫后发劣势。后发优势是，你的一般劳动力的成本低，人家愿意利用你。而你的后发劣势，人家可以打压你。

玛雅：也就是说，我们的技术水平和世界领跑者还有一定的差距，处在追赶阶段，想要超越尚需时日。

高梁：中国搞了30多年，把很多合资项目引进来。很多人都非常乐观，认为合资项目来了，我们慢慢消化吸收，技术自然就提高了，就可以超过西方发达国家了。长远来看，可能再过二三十年，我们能够达到这个境界，但现在最好还是谦虚一点，因为确实存在差距，必须承认差距。但是有一条也是西方人比较怕的，那就是，中国人如果真想干，真想学习模仿，那个能力也是不得了的。

玛雅：“山寨”能力巨大无比。

高梁：只要我们有足够的组织力，有足够稳定的工业组织和大型的企业规模，跟先发国家竞赛、较劲，他们也怕。举个简单的例子，苏－27，我们十几年前买来的，一下子买了几十架，贵得很，然后又买了条组装线。结果我们把它消化后，又升级，做出来的新飞机性能提高了一块。我们在工艺上升级，比他们强，他们不满，指责我们。应该说，中国的国有企业在科技研发能力上是很了不起的。

美国怕什么？我举北斗的例子。北斗是实施远程精确打击不可少的。美国 2011 年打利比亚，不出兵，核潜艇潜射对地攻击导弹，一颗巡航导弹就能打掉对方某一要点。他是怎么打的？必须通过卫星导航和弹内自己的导航系统，两者校正才能打中。我们曾经靠美国的 GPS，现在民用的还是，美国人用 GPS 来赚钱。有报道说，我们一直想和欧洲的伽利略合作，变成中欧共有的一套导航系统。美国不答应，2006 年威胁欧洲说，如果让中国使用伽利略，会对我构成威胁，我就用反导导弹把伽利略打下来。2007 年中国打下一颗自己的已经废弃的卫星，没过几天美国在地中海的军舰也发射一枚导弹，打下一颗它自己的废弃卫星。这是干什么呢？是互相示威，互相在传递信息。意思是说，你美国敢打我的北斗，我也敢打你的卫星。美国人后来不再叫唤了，中国大大方方发展自己的北斗。现在北斗二代出来了，精度可能比它的还差点，但是要讲核打击，我们自己就有把握了。

所以，美国人的“中国威胁论”是有实实在在内涵的，担心中国经济发展起来，把科技带动起来，将来会很厉害。

装备的引进消化吸收，必须由国家统一组织

玛雅：美国人不是空喊“狼来了”，是真的担心自己的世界霸主地位受到挑战。那么中国只用了60多年的时间，就从一个积贫积弱的穷国发展成为美国强有力的竞争对手，在发展道路和发展经验方面，我们有哪些优势？

高梁：中国的发展道路，现在很多人把一切成就都归功于对外开放和市场经济。这些人第一是把前30年贬得一钱不值，第二是说中国现在这么突出的增长跟政府干预没关系，跟垄断企业更没关系。这是不符合历史事实的。有人说，前30年中国的工业发展如何如何差。实际上从我得到的数据来看，1950–1977年，中国工业的发展速度仅次于日本，日本是12.4，我们是11.2。我们远远高于美国、苏联、德国、英国等世界强国，这说明我们的工业并不是那么差，更不是一无是处。如果没有前30年的基础，只是一穷二白一张白纸，后30年改革开放搞市场经济就会缺乏积累。那样就只能依靠外资，而依靠外资就会被外资控制，就是今天拉美一些国家的现状。

玛雅：实际上是一个厚积薄发的过程——前30年积蓄的力量，在改革开放年代喷薄而出，使整个国家充满活力。

高梁：毛主席当年说，不吃嗟来之食，吃嗟来之食肚子疼。不

吃嗟来之食怎么办？纪坡民[1]有句话说得很在理：中国的前30年一是靠革命英雄主义，二是靠上下一心、同甘共苦，三是靠牺牲精神，上面是牺牲精神，下面也是牺牲精神，这些给中国后来的起飞奠定了基础。

玛雅：前30年不仅为后30年积蓄了物质力量，也积蓄了宝贵的精神财富。

高梁：是这样。如果没有这个基础，中国就是一般的发展中国家，工业化的独特性就谈不上，就没有后来的一切。一般的发展中国家，就只能受制于人。受制于人的结果是什么？你的高科技永远上不去。中国不一样，有自己的一套工业设施、企业和科技人才，能够组织自己的人才和资源进行攻关，这样科技才能上去。任何一个主权国家，经济主权都是国家政治独立的基础，而科技进步的主导权是经济主权的基础。科技是第一生产力，关键技术被人卡了脖子，受损失的不仅是经济利益，也会对国家安全利益造成损害。所以，新中国前30年打下的基础现在怎么强调都不过分。

玛雅：把中国的一切成就都归功于对外开放、市场经济的人，对政府和国有企业在中国经济中的作用也持否定态度。

高梁：他们不仅否定前30年建立的工业基础，而且认为后30年的工业发展成就与政府的力量、与国有企业的力量没关系。这也

1 纪坡民，历史学、法律学专家，曾在中国社会科学院工业经济研究所工作。

是不符合事实的。

举个例子。上世纪80年代时，我们很多重大工业设施都很落后。国务院成立了一个重大装备办公室，由总理当主任，各工业部长都是办公室成员，一个一个项目共同研究。比如发电设备，改革开放前，我们自己能造的最大发电设备只有22.5万千瓦，国外当时30万千瓦的早就普及了，60万千瓦的已经开始投入生产。我们在技术上，包括总的设计、材料、控制、安全性可靠性，还有输电设备，都需要升级。当时我们缺乏能力，如果让工厂去买设备拆解消化吸收是不可能的，因为工厂买来是要用于生产，你不能指望一家工厂为全行业无偿奉献。那就只能由国家组织十几个相关单位攻关，前前后后大概10年时间，各个核心技术逐一攻克，成功消化30万至60万千瓦亚临界火电机组全套技术，90年代后期开始发挥作用。制造与使用两方合作，逐步将同类国外装备挤出国内市场，我们的成套电力设备还向印度和巴基斯坦出口。

玛雅：这个例子足以证明你前面说的，共产党的国家组织力非常强。

高梁：是的。我们的问题在于，只要有组织，我们的消化吸收能力很强，但是再往上走一步的能力还不够强。国外现在已经到了百万千瓦，超超临界了。2001年以后，我们还是由国家组织攻关。这种事必须是国家统一组织，不能由个别企业去组织。由个别企业组织引进，只能是多头谈判，竞相降低条件，最后什么也得不到。就跟汽车业一样，一汽搞一套，二汽搞一套，为了本企业尽快取得效益，竞相降低条件，结果让外资坐收渔利，用不着转让技术给我们。而当我们只有一家垄断对外谈判，那么不仅可以压低购价，还可以提出更多的技术转让要求。外国资本眼红的是中国的市场，我们如果真想通过用市场换技术这个途径来引进消化吸收世界先进技术，在中国目前市场经济高度开放的情况下，没有一个统一的政府支持的产业组织是做不到的。电力装备是1980年代中国引进消化吸收最成功的一个例子。还有大秦铁路的重轨线和翻斗车，也是通过引进消化吸收搞出来的，由当时的电力部、煤炭部等几个工业部分头组织实施。

但是到了1992年大开放以后，国务院重大装备办公室撤销了。国家放弃了统一的装备引进消化目标和政策，放开企业进口权，允许企业自主对外谈判，引进技术。结果是多头引进，汽车行业就是在这种情况下搞起来的。当时国家正处在紧缩时期，国内企业贷款困难，市场萎缩，而外资大受欢迎，得到特殊的超国民待遇。一时间，外资呈爆发式增长，大量涌入，大量进口外国设备。这同时也是"国退民进"高潮期，所以中国装备制造业最悲惨的时候是1992－2002年。当时国有企业很大一部分是搞装备制造的，纷纷垮台，只剩下为数不多的大型企业，如一重、二重、三大动力等。

玛雅：你就是在这种情况下一再呼吁，警惕外国资本收购中国装备制造企业。

高梁：问题都已经严重到这个地步了，鼓吹私有化的那些所谓"改革者"们还不罢休，还要把剩下的几个大型骨干国有企业都卖给外国人。要知道，现存不多的国有重点企业，是60多年艰苦奋斗建设起来的工业体系的核心部分。这些企业的意义，远远超出账面“资产”，而是综合国力的核心。这个核心是企业组织、产业核心技术与技术研发、熟练技工队伍、品牌与营销等能力的集合，是行业内配套体系的不可替代的部分，是行业自主创新的带头人和产业升级的战略支点。其中一些关键企业一旦被外资并购，产业链就会发生断裂，造成全局性的损失。

国家的经济与科技发展，是坚持“以我为主”还是“让老外为主”，这是一个不可不辩论清楚的大是大非问题，是国家建设的根本方针问题。这个问题不说清楚，“以自主创新推动产业升级”就是一句空话。坚持独立自主，在以我为主的基点上开放和吸收学习，这是中国经济建设的基本国策。邓小平说过：“任何外国也不要指望我们做他们的附庸。”

玛雅：高铁今天被视为中国崛起新的象征，也是通过引进消化吸收取得的成果。

高梁：高铁也是一个成功的例子。高铁引进后能够这么快国产化，投入运行，跟铁道部的垄断有直接关系。2004年大规模引进的时候，只有铁道部一家出面谈，不允许第二家谈。当时西门子要价太高，那就不要它，换别的。外国资本家在中国已经“横”惯了，跟谁打交道都是趾高气扬，没有中国人的话语权。所以，对中国的国家垄断最咬牙切齿的恰恰是大资本家，特别是外国跨国资本家。他们巴不得中国一盘散沙，没有竞争力，由他们来垄断，当寡头，分而治之。

中国现在有些身家几十亿、几百亿的个人大资本，想要拿到最肥的垄断企业，由他们来把持，也是这个用心。

高铁的成功还证明，非但不是一垄断就不干活了，当时铁道部作为一个具有高度组织性计划性的大集团，可以有效地组织内部的消化吸收。铁道部系统的科研能力、制造能力都是一体化的，内部协调比较方便,所以上得快。这说明什么呢？说明中国在对外开放中，在技术上相对落后的情况下，如果真的想引进消化吸收国外先进技术，那么适当的国家垄断，强调政府在这当中的作用——组织协调作用和统一对外竞争作用，是必不可少的。否则就会回到过去的依附状态，从技术依附变为经济依附。

没有核心产业成长，不可能成为真正的大国

玛雅：金融领域在加快向民企开放，舆论认为，未来将出现浪潮。法国财经新闻社 2012 年 7 月报道，中国银行业的收益占世界银行业的 30%。中国银行业的业绩这么好，几大国有银行掌握着大部分的资金流动，国家可以有效地控制宏观经济。如果银行部分私有了，

对中国意味着什么？再来金融危机中国会不会难以幸免？

高粱：如果不考虑外部因素，仅仅是国内银行私有化，以中国目前在国际金融中的地位，还不至于出现美国式的金融危机。但问题在于，在现在的中国经济中，银行所起的作用远远大于在一般性的竞争性市场中所应该起到的作用。它有几个方面的非常大的功能，是带有公共性、战略性的。首先，对一些重要企业的支持，比如集成电路或者IT类的。这类企业是高风险的，将来可能是高收益的。如果没有这样的企业成长起来，中国就不可能成为真正的大国。你别看现在世界经济萧条，这些领域还在不断前进，一代一代往前走，中国不跟着走是不行的，最好自已能领先一步。在这种情况下，国家对这样的行业、这样的企业必须要给予有力的支持。

玛雅：在投资方面要向这些企业倾斜？

高粱：战略性的，包括一些军工企业，眼前可能赔钱，但必须坚持经营，军品民品并重，干到一定程度它就活过来了。这种必要的支持是私人银行做不到的。

再有，中国这么大规模的基础设施建设，很大一部分是靠银行贷款。银行私有化意味着对很多具有公益性的项目不能提供贷款，或急于收回贷款。这可能会给这些承担基础设施建设的企业带来严重的生存危机，甚至易手。换到谁手里？不知道。可能就换到外资手里了。

第三，支持农业的问题。现在这方面情况已经很糟了，但毕竟我们还是为人民服务的政府，还有改善的余地。由国家管理银行，它可以通过其他手段来让银行为农民做事。如果纯粹私有化、完全市场化，农民是没法承受的。

玛雅：中国几亿农民，要吃饭，要有生路。如果不顾他们的生计，我们的社会主义国家就丧失了根本。

高梁：所以，中国的情况这么复杂，指望通过单一的市场来配置资源是要乱的。现在国家可以通过银行进行宏观经济调控，通过加大投入或紧缩贷款规模来实现相对平衡，走得太快了，收一收，走得慢了，放一放。

还有一个问题需要指出，尽管中国经济在体量上已经是世界第二，将来可能成为第一，但我们毕竟是十几亿人口的国家，讲人均还差得很多。企业的实力，包括经济实力和技术实力，和美欧、日本等发达国家的大企业集团相比，还差着一个数量级。在金融实力和技术实力还赶不上人家的情况下，在企业单个对等竞争比不过人家的情况下，如果放开来玩，我们肯定玩不过人家。人家现在的趋势是集团化、跨国化，用跨国公司这种强大的组织力，来和你一个国家单个的企业玩。我们在工业竞争力或者整体经济竞争力比人家还差一截的情况下，如果没有国家金融和政府行政做后盾，是有很大风险的。

国内经济学界现在有一种非常盲目的乐观，觉得中国经济的体量已经很大了，GDP 很高了，所以不怕了，人民币可以国际化了，什么都可以放开了。我认为，持这种观点的人对经济缺乏深一步的理解，没有深入了解我们经济结构中的实际问题，特别是工业结构中的实际问题。所以他们容易产生盲目性，或者过于乐观，或者过于悲观。而这些问题不是简单地靠量的关系来描述的，靠量也是描述不出来的。

再延伸一步，国企的问题。国企垄断行业，铁路、电网等，这种行业在任何国家都是垄断的。它是个物理网，不垄断是不行的。或者政府企业垄断，或者私人垄断。私人垄断一点也不比政府垄断强到哪去，管理上不一定强，社会责任感、公益性更差。那你一定要私有化，图什么呢？是不是有人自己想当寡头，想学俄罗斯寡头，成为中国经济的幕后主宰？

国家产业进步和经济安全是大道理

玛雅：所以让人感到很费解，主张私有化的人为什么不想想，国企私有化以后会落到谁的手里。能落到中国老百姓手里吗？能落到全体人民手里吗？不可能呀。这些人是糊涂还是别有用心呢？

高梁：不是糊涂，他们心里特别清楚，这就是他们想要的。他们最眼红的一个是石油，一个是电信，因为这里面肥呀。今天石油是什么？是绝对的战略产品。中国又这么缺油，国家能不垄断吗？

别说中国，沙特、卡塔尔，不都是国家垄断石油资本吗？可是美国人也没到它们那去说，你们垄断，你们国家不民主，却偏偏指着中国的鼻子说我们是垄断，要我们怎么怎么着。我们中国怎么着，你美国管得着吗？！

玛雅：世界银行行长佐利克2012年2月跑到中国来游说，忽悠国企私有化、金融私有化，他以为中国人傻吗，会被他忽悠。

高梁：国内政界和学界有些人和世界银行的关系不是一般的关系，高层对高层，他们之间有默契，关于私有化的主张可能是“出口转内销”。出口转内销的目的是想学俄罗斯的休克疗法，无非就是这一套。但是这些人也不想想，今天的中国和1990年的中国已经不一样了。他们想推私有化，有了俄罗斯的前车之鉴，中国人现在知道，全盘私有化未必是好事。过去有一段时间，中国的国企产权改革也出了一些问题——MBO（管理层收购）、侵吞公产、监守自盗……搞得天怒人怨，发生了通钢事件这种重大群体性事件。可是有些人至今都不接受教训，还在自拉自唱所谓“改革攻坚战”，铁了心要搞私有化。如果真要这样玩起来，可能会激起更大的民变。

玛雅：也就是说，所谓的“改革攻坚战”不过是个旗号，背后有更深的企图？

高梁：这是亮出底牌。他们有人公开说，现在国有经济的成分比过去少了，国有经济还存在于国家命脉的行业中。这是非常关键的一句话。什么意思呢？就是要向国家命脉开刀。在他们的字典里，中国民营经济包括私营经济和外资经济。所谓“改革攻坚战”就是要分拆垄断型国有企业，先股份化再私有化，把国家的命脉交给私人和外资，使中国经济彻底殖民地化和资本主义化。

这是生死存亡的问题，是两条道路、两个方向、两种前途的大是大非问题。如果这样的“权威”意见被采纳，意味着党的基本纲领和经济发展的路线方针将彻底改变。

自1982年中共十二大以来，关于基本经济制度说的都是一件事，必须发展壮大国有经济，国有经济控制国民经济命脉，对于发挥社会主义制度的优越性，增强我国的经济实力、国防实力和民族凝聚力，具有关键作用。要坚持两个毫不动摇——毫不动摇地巩固和发展公有制经济，毫不动摇地鼓励、支持和引导非公有制经济发展。坚持公有制为主体，促进非公有制经济发展，统一于社会主义现代化建设的进程中，不能把这两者对立起来。

所以说，国有经济在制造业关键领域要占据控制地位，这是底线啊！别的领域放就放了，关键领域绝不能放。2012年十八大召开前那些人一通造势，试图突破这个底线。但是真能突破吗？怎么突破？比如十一大军工集团，如果私有化，卖给私人你敢不敢？

玛雅：美国的军工企业也不真正是私有的，政府不让它卖军备给谁，它就是不敢卖，这不也是垄断嘛。

高梁：核心的领域、核心的技术，比如航天航空、核武等，任何国家都不允许私人去经营核心战略武器。军工本来就是行政性垄断的，任何国家都一样，你去让美国放开竞争试试看，这纯粹是幻想。

就是想要竞争，也只能在外围竞争，比如软件、芯片设计。这些领域我们也完全存在竞争。

还有铁路，你敢不敢拆？拆了，将来一省一个铁路网，我们去广州，去上海，还得办转乘手续，这样肯定影响效率。而且内部协调方面，不可能有统一的调度了，交易成本大大提高。国家发改委副主任朱之鑫在2013年“中国发展高层论坛”上对于铁路总公司的设立表示，铁路有一部分还是属于公益性质的，在某些方面应该得到补偿。同时，中国铁路的效率比较高，中国以全球铁路1/8的运营里程，完成了世界整个运力的1/4。在这种情况下，一个统一的铁路网，实行统一的调度，是技术上所必需的，这叫自然垄断。即使铁道部取消了，并入交通部，它仍然是个相对封闭的铁路局，还得实行全国统一调度。再退一步说，就算将来让私人股份参与进来，要改变统一调度这个治理机构，也是做不到的。

那些自称“主流经济学家”的人闭眼不看事实，喊了这么多年反垄断不见长进，不懂自然垄断，不承认有自然垄断，不承认各种自然垄断行业有自己独特的技术问题。他们所谓的“改革”是在促进生产力，还是在破坏生产力？改革是为了什么？改革是为了发展生产力，体制的安排一定要符合这个基本要求，而不是以私有化为目的。有些人是故意混淆目的和手段。

玛雅：主张私有化的人，还有一个主张是西式民主化。这是美国人给中国开的药方，布拉里说得直截了当，被这些人当作尚方宝剑，拿来向中国体制开刀。

高梁：这种舆论他们造了好多年了，一个私有化，一个多党制，说来说去就是要折腾，折腾完了拉倒，老百姓的死活他不管。谁高兴呢？大资本高兴。中国有一帮亿万富翁，他们最高兴。他们和国际跨国公司，和西方资本主义有千丝万缕的联系，所以跨国资本最高兴，美国政府最高兴，奥巴马、希拉里最高兴。如果让他们高兴，就意味着中国老百姓遭殃，这是一个国家利益的博弈。国家利益是什么？没有国就没有家。没有一个统一的主权独立的国家，没有一个在国家内部能够形成的统一市场，就没有经济发展，就没有工业发展，中国今天的所有成果、老百姓要的好日子，就可能付之东流。

玛雅：所以，中国必须坚持以公有制为主体。

高梁：现在公有制在工业中只剩下26%。就好比一个桃子，里面的核儿还在，外面已经被人随便啃了，上市也好，交易也好，将来不定是谁的。如果里面这个核儿也丢了，先不说共产党的执政地位，这个国家就完了。什么国家实力、组织力，共产党建立的这套制度，什么追赶、世界第一，都别想了。到那时，中国就是另一个巴西，另一个印度。老百姓就倒霉了，财政没有了，福利没有了，你跟富豪要，跟大资本要，他给你吗？

玛雅：那样的话，社会主义大旗就倒了，人民共和国也就名存实亡了。所以邓小平当初反复强调，中国必须坚持社会主义，是非常明确的。

高梁：主张完全市场化、私有化的人，话说得很动听，叫做“放手引进国外战略投资者搞改革攻坚”。然而，他们忘记了非常重要的一点：国家产业进步和经济安全，是人民根本福祉之所在，是最高位的“大道理”，改革开放必须服从这个大道理。所以，我们不能听信他们的话，对外资要保持高度警惕，特别是涉及非垄断型、非军工型的竞争性大企业。比如国内一些世界级的大型机械设备企业，在某些领域绝对是世界第一的，而且完全是自主创新的国有企业。这些企业是未来中国制造业产业升级的脊梁，如果私有化，被外国人分掉，或者被自己人搞垮，将是中华民族的巨大损失。国有企业是我们国家安全的屏障，是中国国力的支柱，是将来产业升级的核心。这个要是垮掉，中国就是一滩泥，就像一个人腰断了，站不起来了，这个国家就完了。所以说，这是一场国家经济安全的保卫战。

西方人给我们扣“经济民族主义”的帽子，其实这顶帽子应该给他们自己。美国国会在1980年代通过了《综合贸易和竞争法》，规定设立外国投资委员会，负责调查评估外资在美并购的安全威胁，并授权总统可以中止该并购案。对外资并购的限制范围延伸到“本国重要基础设施”——农业及食品、水、公共卫生、突发事件服务、能源、银行及金融、化工／危险材料行业、邮政、信息技术等，以及核能、国内航空和航运（禁止）、电信、广播（严格限制）、油气管道、铁路、采掘（对等投资）、土地及不动产、水电、沿海和内河航运（特殊限制）。美国的安全审查机制之严密，世界罕见。还有欧洲，80年代的英国私有化和90年代的前东德国有企业私有化，也从未允许任何重要的国有企业出售给外国人。西欧各国工业中外资比重不超过15%，在银行业中的外资比重不超过13%。只有阿根廷和一些东欧国家，国企私有化是彻底向外资开放的，所造成的丧失经济主权的严重后果也已经明摆在世人面前。

玛雅：拉美私有化改革以失败告终，这个教训对13亿人口的中国意味着什么，是可想而知的。

高梁：这种“改革”思路在国内一度流行，是当今中国经济学界过分迷信西方“私有化、市场化、自由化”理论的集中反映。不顾中国工业实际、不顾综合权衡“发展改革稳定”的必要性，一味认定“国企越少越好，外资多多益善”。只要能让国企“退出”，怎么干都没有心理障碍，哪怕“牺牲3000万工人”，再搭上国家的经济命脉都在所不惜，似乎中国就只有“融入全球化”一条路。

2006年以后，国家针对外资在华投资并购中涉及垄断与产业安全等问题，发布了若干政策文件，通过了《反垄断法》。但是关于“开放”与“产业安全、自主创新”的关系问题，并未在理论上给予澄清，这就难免带来大政方针上的摇摆。由于片面依靠外资规模提高GDP、听任外资扩大在中国的势力，使国家工业的自主基础受到了侵蚀，将我们国家带向“依附型”发展的岔路口。有西方观察家认为：可以把中国“视为一个正在出现的‘正常’的工业强国，就像巴西和印度一样”，而这正是“美国战略家长期以来梦寐以求”的。

未来10年中国发展前景乐观

玛雅：如果我们不被美国和西方忽悠，坚持自己的发展道路，以目前的发展势头，你对中国未来的前景如何预期？

高粱：如果能够处理好几个基本关系——公有制和非公有制、政府对经济的管理调控和发挥市场作用、自主性和开放性，这几个关系处理好，我们的发展前景会比较乐观。现在的情况大体满意但还是有些问题，再偏到一方面去就不好了。但是好在我们公有制这个核儿还在，政府还有相当的组织力和灵活性。尽管现在大家都在说，贪污呀，无能呀，官僚体制如何如何，但毕竟政府的人员还在干事儿，还在为经济发展做贡献。国有企业，那种大型的或者带有垄断性的企业，在效率上可能会有一定的损失。这种损失在两方面，一是内部的管理能力差一些，管理不够有力，影响效率和质量；二是成本控制能力不够强，在管理效能上可能会有一定的损失。在这方面，私营企业强一些，但是一般私营企业的效益是靠压榨工人、牺牲工人的收入实现的。另一方面，私企确实是有进取心的，包括在技术创新上，特别是中关村的 IT 企业。

尽管国有企业在效率方面有些损失，但在大型的科技攻关项目、超大型的工程项目和装备制造方面，小企业的力量是不行的。大型私营企业现在成长不起来，也不能让它们控制国家的核心产业。从中国目前情况看，这种内部的组织力和聚集科技人才争取技术进步的能力，还是国有企业强，还得靠这支队伍。当然，国企的内部治理不是没有问题，还需要不断改进。

玛雅：关于国有企业在中国经济中的作用，有外媒评论说，传统西方经济学认为国有企业会阻碍自由的市场经济，但在中国，它们是整个经济不可分割的一部分，既促进了市场竞争，又建立了自我监督机制，而且这种机制比来自外部的监督更有效。市场在这个过程中形成了一套制衡机制，而国有企业能够在政府指导下适时作出调整。

高梁：这就是与印度和巴西等拉美国家相比，我们今天经济结构的优点所在。如果能把上述几个关系把握好，在这个前提下，加上我们的发展政策、宏观调控能力，保持现在的发展势头，十年八年是没有问题的。当然还有一个前提，就是政治稳定。总体来看，中国这么巨大的供给能力，目前还有相应的国内市场在支持，如果能继续发展下去，政治上再做一些改善，前景将是很不错的。

玛雅：反之，如果我们接受“私有化、市场化、自由化”理论，放弃自己的发展道路，乐观的前景就会变为悲观。

高梁：如果听信那些人的话：市场化、私有化、依赖外资，意味着在未来10年，中国发展将会走下坡路。因为我们这30多年的成功，一个是靠改革开放市场化的效率，一个是靠前30年积累下来的组织能力和科技能力，二者结合才能形成一股巨大的力量。缺了其中一个，要么是一盘散沙，要么是低效无能。政府和市场是两个轮子，两个同时跑，发展这趟车才能跑得快。

让骨骼增强，脑子变聪明

玛雅：英国《金融时报》2013 年 5 月报道，超过 2/3 的欧洲商界领袖认为，到 2023 年中国将会在创新方面赶超欧洲。此前也有外媒称，世界技术型企业高管有 3 成认为，中国将成为最大的全球创新热点。据你观察，我们目前的创新能力是什么情况？

高梁：2003 年中国的创新能力有几个基本数据：全球的研发资金，美国占 43%，日本和欧洲各占 21% 左右，剩下的一些国家——俄罗斯、印度、韩国、中国各占 1.7%。第二，全球的发明专利，美、欧、日占了 97%，中国连 1% 都不到。那时中国全部的研发资金占 GDP 的比例不到 1%，而世界公认的达到能够有效推动创新的程度为 2.5%。美国占到 3% 以上，日本也是 3% 以上。2003 年以后中国加大了研发投入，最近几年确实进步比较快。但是毕竟之前的底子在那儿，想一下子跨过去，比日本还高，还不太现实，不能太乐观。发明不是简单拍脑瓜的事，要有大量的基础研究、大量的中间试验做基础，才能有新的发明，任何原创性的发明都是厚积薄发的。

玛雅：也就是说，即使国外看好中国创新的潜力，我们自己也不可盲目乐观。

高梁：从资金投入和队伍的组织方面来说，现在还不要做过于乐观的估计。毕竟我们提出自主创新——这和毛主席说的自力更生是一脉相承的，才不过10年时间，中间有段时间是空白的。从1978年到2003年，中国的科研队伍日益萎缩，只搞了几个重点，比如航天。应该说，有组织和资金投入、持续性的研发才刚刚起步，重新开始振兴。由于缺乏原创性的积累，现在就不要想成为什么“创新热点”。只不过是在引进消化吸收方面能做很多事情，这方面的能力比过去大大增强了。真要在技术上赶上欧美和日本，至少是要以10年计算的，一个、两个、三个10年。中国在2000年的时候工业结构是患有“软骨症”的。毛泽东时代的结构只有骨头没有肉，对外开放后变成了一个大胖子，软骨症了。现在要把骨骼增强，让骨干企业强健起来，还要变得很聪明。这个任务非常艰巨，有很强的挑战性。瘦子变成胖子已经很难，变成聪明人，变成天才，就更难了。

玛雅：中国今天块头很大，但是骨骼和大脑需要更加强健。

高梁：中国要坚持对外开放，但开放政策必须与国内发展统筹兼顾。我们要引进外资，但必须以有利于引进学习技术、有利于结构优化、不妨害国家安全为前提。国家需要制定具体的引资范围、合作方式、外资审查制度和反垄断法，首先需要明确对外开放的基本立场和大政方针问题。

我认为，有必要就开放、发展和安全的关系问题，进行一次国民教育。让我们的人民知道，任何一个主权国家对外国资本都不可能实行完全开放，“融入全球化”是个错误的口号。所谓“开放”，是指一个自主系统与环境的互动关系。没有与环境的互动，系统就会停滞和死亡，但系统与环境的互动必须有选择，趋利避害，否则系统“融入”环境，也失去了生存权。中国今天既要大胆开放，又要在高度开放、安全形势渐趋复杂的情况下，增强居安思危意识和防范机制。

自力更生、自强不息，这是做人的根本，也是一个国家立国的根本。首先是立足于自己的力量，在这个基础上争取利用外部资源，使之为我所用，这样才能立于不败之地。而不是动不动就乞灵于“招商引资”，找洋人当拐棍。

今日世界，经济号称是“知识经济”，发达国家的高收入总有它的根据，就是技术优势。技术优势的本质是不断的技术进步，其基础是手里掌握着雄厚的创新资源、创新能力和知识积累。技术成果体现为经济竞争力和竞争优势，甚至成为西方国家的技术垄断，用以向后进国家收取“创新租”。中国作为一个新兴市场国家，只有打破这种格局，才能真正冲破“中等收入陷阱”。所以，未来中国能否持续发展，其核心和根本在于，转变“偏重借助外力、耽于低水平重复”的发展方式，努力提高创新能力，推进产业升级。

这是一个绕不开的战略任务。

2013 年 5 月作于北京

2014 年 7 月改于北京

2012年11月6日，奥巴马出色应对竞争对手罗姆尼的挑战，成功连任美国总统。不过，这位大选投票当日在家乡芝加哥悠闲自得打篮球的胜利者，却面临着另外一个挑战——一个月前，一家中国企业将他告上了美国法庭，决意为一桩投资案与这位白宫掌门人“对簿公堂”。

这家企业，就是中国工程机械的龙头企业——三一集团。

创建于1994年，三一旗下的核心企业三一重工坚定不移走自主创新的道路，以“中国泵王”的美誉和混凝土泵输送高度492米的世界纪录，为中国工程机械赢得了世界的喝彩。20年来，凭着卓越的产品质量和优秀的售后服务，三一产品遍及亚洲、欧洲、非洲、南美和北美一百多个国家和地区，为中国民族工业树立了良好的品牌形象。2012年，三一重工成功并购世界混凝土机械第一品牌德国普茨迈斯特公司，成为名副其实的全球混凝土机械第一品牌。

从中国出发进军世界，三一人对国内外市场的风起云涌、对中国民族工业发展的一路风尘，有着真实的切身体会，也有着深远的战略思考。他们在大声发出自己的声音。这声音，他们要让中国听到，这声音，他们也要让世界听到。

中国的强国梦
只能靠我们自己来实现

向文波

三一重工总裁、福布斯上市公司最佳 CEO、
中国工程机械协会副会长、享受国务院津贴专家。

访谈时间：2012 年 10 月
访谈地点：北京

全球化时代，竞争的本质没有变

玛雅：2012年9月28日，美国总统奥巴马签发总统令，以涉嫌危害国家安全为由中止三一在美投资的风电项目。几乎同一时间，美国国会报告认为，中国企业华为和中兴对美国国家安全构成威胁，拒绝其进入美国市场。再早前，中海油2005年收购优尼科，美国官方也以国家安全为由加以否决。中国企业在美投资一次次遭遇阻击，你认为这是为什么？

向文波：几百年来，甚至有人类历史以来，尽管竞争的方式在不断变化，但是竞争的本质始终没有变。国与国之间、文化与文化之间，竞争从未间断。早期欧洲的“国际化”，即殖民化运动，是靠掠夺，靠刀枪，由国家出兵侵略实现的。那时是皇权与企业合作，英国东印度公司表面是公司化运作，但是国家参股与企业联合经营，其实是以国家实力为后盾的。他们为了争夺市场不惜发动战争，鸦片战争的起因就是为了使鸦片进入中国市场。

进入全球化时代，竞争的方式变得文明了，但是竞争的本质并没改变。美国今天把中国看作战略竞争对手，以他的软硬实力遏制中国的发展，这是显而易见的。然而，对于这个问题，我们过去二三十年来完全被“教化”和淡化了。什么国家安全？中国人脑子里没有这个概念。人家讲的是全球化，是开放市场。但是现在事实证明，他那个“全球化”和我们理解的完全不一样。三一一个风电项目，人家都说这会危害美国的国家安全。而我们呢？我们有美国那样的安全意识吗？我们政府用的电脑软件、国家领导人的专机、卫星导航系统、核发电设备，像他们那样严密设防了吗？包括企业的并购重组，我们完全不设防。所以我认为，美国对中国的遏制是合乎竞争逻辑的，而我们对这种逻辑的本质缺乏应有的认识。

我们以前完全被自由派经济学家的观点给误导了。他们给我们描绘的是，全球化多么美好，平等竞争、比较优势、开放市场、外国企业就是中国企业……好像世界已经大同了。事实证明，这种观点是错误的。从竞争的角度来说，美国对中国的遏制是必然的，不足为怪，关键是我们自己怎么应对。这是一种博弈，是一种谈判，是一种利益交换，我们应该这样看待这个问题。所以我提出，中国要把市场当作比黄金和石油更为宝贵的资源来加强管理，开放必须是对等的开放，这应该成为一个原则。你对我开放什么市场，我就对你开放什么市场；你不对我开放，我也不对你开放，所有的开放都必须按照有利原则等价交换。

玛雅：美国阻击中国企业在美投资，包括这次阻击三一，有一种理解是，中国崛起了，美国要遏制中国崛起，阻击中国企业是必然的。还有一种理解，美国正值总统大选的关键时刻，三一成为其两党政治博弈的牺牲品，成为他们借机“敲打”中国的牺牲品。

向文波：我们假设是这样，但是为什么会这样呢？为什么反对中国就可以拉到选票？原因不还是竞争吗？不还是他认为，遏制中国才能获得掌声吗？问题是，同样的针对美国的声音在中国能不能获得掌声呢？能不能拉到选票呢？未必如此。很多人还会批判你，说你反对改革开放，给你冠以“极端民族主义”的帽子。美国不是这样的，它是以强大的民意为基础。美国民意是什么？就是美国利益至上，不允许这种利益受到任何挑战，本质上还是竞争的逻辑。

让美国人听到中国企业家的声音

玛雅：三一起诉奥巴马和美国外国投资委员会，最主要的想法是什么？

向文波：我们有几个想法。第一，我们希望以法维权。我们认为奥巴马以及 CFIUS（Committee on Foreign Investment in the United States，美国外国投资委员会）对这件事的处理是违反美国法律的，我们要诉诸法律来维护自己的权益。这是直接的想法。

间接的想法是，通过这件事，如果能像徐工事件一样，使中国的政策有所改变，那就更好了。我认为，中国应该有类似美国外国投资委员会这样的机构，来管理全球化过程中的国家安全问题，最起码能有一个对等的和它对话交涉的平台。你对我的企业采取阻遏措施，我有相应的机构对你的企业采取同样的措施，并且和你进行平等对话，你是美国的 CFIUS，我是中国的“CFIUS”。现在我们没有这样一个机构，出了问题就很难办。比如三一这次通过中国商务部找美国商务部交涉，美国商务部说，CFIUS 的事我们管不了，我们无权干预他们的决定。这样我们就撞墙了，我们的声音传递不过去。

我还希望这件事能够促进中美之间交流姿态的调整，促进双方早日签订两国间投资保护协议。今后中国企业在美国遇到相关的问题，可以根据双方投资保护协议来解决，比如对当事双方责任的界定，比如中国公司因为不平等待遇而蒙受损失，美方给予应有的补偿，等等。

我们尤其希望通过这件事对我们的国民进行一次教育，让中国人了解，什么是真正的美国，什么是美国倡导的“全球化”。即使这场官司我们打输了，我认为这样做也是值得的。我们也想建立一个中美之间民间外交的有效方式。我觉得，外交应该是立体的，光靠官方的正式外交是不够的，缺乏必要的民意表达和民意支持。我们希望通过起诉美国政府这种方式，把中国企业家和老百姓的声音传到美国：我们没有破坏你们的国家安全，也无意破坏你们的国家安全。我们不想危害你们，只想与你们和平共处、共同发展。我们的投资能给美国带来好处，丝毫不会也不可能损害美国的利益。我甚至想到美国去做电视节目，让美国人了解一个真实的中国，让他们听到中国企业家和民间的声音。

玛雅：美国至今不承认中国的市场经济地位，想要中国完全市

场化、私有化。中国的民营企业是市场经济的产物，三一是“根正苗红”的民企，按照美国人的逻辑，应该欢迎才对。

向文波：没错。三一是民营企业，我们的投资项目也不涉及美国的国家安全。所以我想去美国做电视节目，跟美国公众交流：请问，三一可以用何种方式危害你们的国家安全？你们告诉我。

美国人过去给我们描绘了一个非常美好的图景：全球化时代，完全市场化，充分市场竞争。各国发挥比较优势，你擅长这个，我擅长那个，彼此可以交换，大家都有好处。其实真的是这么回事吗？不是这样的。我认为，三一事件标志着中国与西方发达国家之间的经贸关系蜜月期已经结束了。蜜月期是什么时候？就是中国改革开放后的30年。这个时期中国的发展是符合西方价值取向的，也是符合他们利益的，因为中国为他们生产了他们已经不愿意干，也干不了的产品，就是那些高耗能、高污染、低人工成本、低附加值的低端产品。中国这30年的发展和西方的发展是互补的，是中国低价的产品以及巨大的市场需求推动了世界经济的高速增长，同时保持了低通胀。深圳在《劳动法》出台之前，工人的工资长达十几年几乎没涨，顶多只涨了几十块钱。这种长期低成本的劳务输出和资源输出，为世界经济降低了通胀率。中国人是为世界经济做出了贡献的。

现在情况变了，一方面中国经济要转型，有些低端产品我们不做了。另一方面，经过30多年的发展，我们在一些高科技产品领域已经显示出竞争力，比如通讯、工程机械这些现代高端制造业。这就与西方的核心利益有了冲突，这个时候西方就变脸了，开始实行遏制了，因为我们已经触及被他们长期占领和控制的高端制造领域，开始对他们形成挑战。所以他就不干了，背弃了长期给我们灌输的自由贸易原则，就用国家安全条款来阻击你。这实际上就是贸易保护主义。所以我说，中国和欧美之间的蜜月期已经结束。可以断言，将来我们和他们之间的贸易摩擦会越来越多，级别会越来越高，手段会越来越恶劣。

别说贱卖，徐工再贵我们也不能卖

玛雅：你提到2005年的徐工并购事件，听说这件事你还给胡锦涛总书记写了信？

向文波：我写了。

玛雅：你反对徐工被美国人吞并，最主要的动机是什么？

向文波：我有几个动机。第一，徐工的卖价太低了，我不能眼睁睁看着国家吃亏。很多人不懂企业并购是怎么回事，那时都是按净资产来作为估价基础的。徐工当时是以20亿人民币卖掉85%的股权，这个交易价值太低了，并且我方还拿不到一分钱。为什么呢？因为对方是通过注资获取股份。所以，我想通过徐工问题的讨论，达到加强国有资产交易管理的目的。中国装备业的龙头、机械行业的龙头只值 20 亿人民币，那整个中国装备制造业值多少钱？另外，中国当时已经有 1 万亿美元的外汇储备，这个钱怎么花还是很大的政治问题和经济问题，但是我们为了 2 亿美元，就这么把国内机械行业第一品牌卖掉了？

徐工并购一度被称为国有企业并购的新标杆，就是说，是卖得最好的。当时说，徐工不卖就会完蛋，就是死路一条。可现在你看，徐工今天市值几百亿呀！而且不但没被别人吞掉，他还买了个德国企业回来。事实证明，徐工没有被卖掉，发展反而是很好的。

玛雅：现在回过头来看，徐工应该庆幸当初有你出来“搅局”。

向文波：庆幸不庆幸我不知道，但是这个故事现在已经很清楚了，谁对谁错，结论摆在那里。

另一个原因是，我当时认为，别说贱卖，徐工再贵我们也不能卖。装备制造业是国家战略产业，徐工作为装备制造业的龙头，由外资绝对控股，是不可以的。大家都知道 1983 年的日本东芝事件，就是东芝公司向苏联出口了一个精密机床，结果引发一个重大的全球政治事件。现在我们也看到了，三一一个风力发电设备，美国人都以国家安全为由加以阻止。中国的企业，华为、中兴，还有之前的中海油，在美国的收购项目几乎全盘被否，可见人家美国人对国家安全是何等重视。而我们要把中国最大的一个工程制造企业卖掉，居然没有人考虑这方面的问题。

装备制造业的核心技术外国人对中国是封锁的，我们要是把自己的装备业龙头交给人家，那中国的技术创新依靠谁？如果这种改革思路可以被接受和复制的话，中国的产业安全就无从谈起。当时我谈产业安全问题，很多人说我是民族主义，说反对徐工被凯雷控股就是反对对外开放，甚至连姓资姓社都来了。我对这些很反感。徐工并购案的讨论不是什么意识形态之争，这样一个违反国家法律法规、严重损害国家利益的交易，是不应该被批准的。徐工是国有企业，涉及公共利益，在交易价格没到位而且又涉及公共利益的情况下，全世界任何一个国家都不会批准。维护本国产业安全是国际惯例，美国、日本、加拿大、欧洲都有自己的产业安全机制，但是中国没有。中国经济正处在转型过程中，大量的产权交易要进行，而我们却没有与之配套的国家产业安全管理机制，这个问题你说有多严重？所以，我也想通过徐工并购案的讨论，引起大家对建立国家产业安全管理机制问题的重视。

玛雅：苏联解体后，俄罗斯在经济最困难的时候，基本的骨干制造业都没有丢掉。普京 2004 年签署了一个命令，1000 个国有大中型制造企业一个都不许卖。那是他的命根子。

向文波：这就是国家安全意识和产业安全意识。遗憾的是，中国人这方面的意识还非常薄弱。我当时提出这个问题后，很多人不理解，认为是保护主义，还有人认为是保护落后。他们说，不要对中国企业给予过多的保护。什么叫过多的保护？我都不知道我们的保护措施在哪里。在一次论坛上，我说，请各位专家告诉我，中国民族产业的发展空间在哪里？中国是世界上唯一一个长达几十年给外资超国民待遇的国家，中国企业在自己国内不能享受和外资企业同等竞争的待遇，人家待遇比我们优惠。在走向海外的过程中，中国企业又受到外国的抵制和打压，受到反垄断、反倾销调查，什么人民币升值问题、什么国家安全问题，种种刁难。中国企业普遍落后于外资企业，在技术、管理、规模、资金上都和外资企业不是一个数量级，差着一大截，如果不给予必要的保护，我们靠什么去拓展自己的生存空间？我们靠什么来壮大自己的民族产业？很多中国人都是“国际主义者”，每天沉浸在全球化的幻觉中，完全脱离世界经济现实和政治现实，唱一些脱离实际的高调，这是非常有害的，我们应该从这种错误的观念中醒悟过来。

我希望全社会高度关注产业安全问题，因为产业安全是我们实现“中国创造”的基础。假如真的像有些人说的，外资企业就是中国企业,那中国的强大就变得非常简单了。我们只需进一步放宽条件，进一步提供优惠待遇，把世界500强都吸引到中国来，中国创新型国家不就实现了吗？还要我们大家这么辛辛苦苦打拼什么呢？

玛雅：徐工并购案发生时，我和国家发改委经济体制与管理研究所国有资产研究中心主任高梁探讨过这个问题，他的观点至今都很有警示意义。他说，装备制造业是国家战略产业，是国防的基础。如果被外资控股，变成了外国人的企业，一旦到战时，国家将无法调动它。任何国家都要保持工业和科技基础的平战转换能力和国家动员能力，工业体系在这个意义上才成为一个国家综合实力的基础。一国的国防科技工业必须植根于全国的科技和工业，与之融为一体。

如果国家工业的民用部分统统变成了外国人的企业，“军工”也就失去了土壤，不仅会造成巨大的资源浪费，国力也大大打了折扣。所以，任何国家对自己工业的骨干部分，都不会轻易出让。一个具有巨大成长潜力行业的排头兵企业，如果就这样被贱卖，被外资控股，这是任何国家都不能允许的。徐工并购案提醒我们，外资乘中国国有企业改革之机，积极并购各主要行业的骨干企业，以图控制这些行业的主导权，在获取高额利润的同时，对我们的制造业垄断市场、控制产业，威胁我国产业安全，损害我们经济发展的长远利益。凯雷并购徐工，竟有美国政府高官来中国游说，可见其中的政治意图。

向文波：我非常认同高梁先生的观点。中国是一个政治大国，政治大国必须有强大的军事工业，而强大的军事工业是建立在强大的制造业基础之上的。现在的中国军事，世界的先进武器我们买不到，制造先进武器的先进技术、先进机床我们买不到，那中国的强大靠什么呢？如果我们把自己的装备制造企业也卖掉了，那可以说，我们就永远失去了希望。

我当时主要考虑的就是这两个问题：第一，徐工不能贱卖；第二，这是国家战略产业，再贵也不能卖。要知道，有些东西不是能用金钱和利润来衡量的。比如我们造原子弹，造导弹，这些能用金钱来衡量吗？不能，它是无价的。中国现在能够买到美国的波音飞机，为什么还要搞自己的大飞机计划呢？因为波音的军用飞机不会卖给我们，它只会装备美国军队，不会装备中国军队。所以，中国作为一个政治大国，必须有强大的制造业基础。

民营企业同样是共产党的执政基础

玛雅：有评论说，你对徐工事件的积极介入，体现了一个中国企业家的社会责任心。

向文波：这个问题，我要纠正一个观点。中国老百姓的很多观念都被扭曲了，总认为民营企业是自私自利的，国有经济才是我们的希望。这个认识是错误的。我不讲什么高深的理论，什么崇高的理想，但是民族自尊心、爱国主义情怀，是我们中华民族几千年来一直就有的。屈原是伟大的爱国诗人，那个时候还没有马列主义，也没有毛泽东思想，这种爱国情感一直在我们血液中流淌。中国革命的胜利也得到过民族资本家的大力支持，大家都希望建立一个主权独立、领土完整、人民当家作主、高度文明发达的国家，这是中国人共同的诉求。今天的中国民营企业家，身上同样流淌着这样的血液。这是几千年来的传承，这一点不要有任何怀疑。那些被扭曲的观念很害人，把民营企业家看成不可信任的另类。我反对凯雷收购徐工，有人说我是为了自己企业的利益，如果真是这样，我根本不过问这件事情。中国有一句话叫做“闷声发大财”，很多人说做企业就不要管闲事。但是我认为恰恰相反，我不是管闲事，而是不能不说，因为我不能眼睁睁看着国家吃亏。在我看来，国有企业是共产党的执政基础，民营企业同样是共产党的执政基础。为什么呢？因为我们都有一个共同的追求，就是希望国家强大，人民生活富裕，中国在世界上有尊严、有地位、有影响力。这种诉求，你到大街上随便找一个中国人问问，大家都是一致的。包括对徐工事件的干预，包括三一这么多年来踏踏实实做实业，都是缘于对这个国家的爱。我们不是美国人，也不是日本人，我们是中国人，我们希望中国强大。

玛雅：谈到中国企业家的爱国情怀，我有一个问题。近年来，中国富豪大量移居海外，或向海外大量转移财产，你对这个问题怎么看？

向文波：我无法对这种行为的对与错做一个简单的评价，在某种意义上，这是个人的权利。但是三一重工所有的董事及其配偶和子女，目前没有一个人移民海外，我们在海外也没有个人资产。我们希望将自己的命运和前途与祖国联系在一起。

产业安全是实现“中国创造”的基础

玛雅：前面你提到一个概念——中国创造，中国今天以“制造”闻名，被称为“世界工厂”。如何从中国制造变为中国创造，这是中国发展的一个重要课题，也是一个挑战。你对这个问题如何认识？

向文波：从中国制造变为中国创造，首先中国人自己的企业要成为中国经济的主体。为什么呢？中国有两个基本国情：一个是，中国是拥有 13 亿人口的大国，有自己独特的文化、价值观和政治制度，是一个与生俱来的政治大国。作为一个政治大国，中国在崛起的过程中，必然与其他一些国家存在意识形态冲突，所以可以判断，美国和其他西方国家对中国的遏制将会是一种长期战略。

另一个国情是，中国是一个经济大国。中国在走向强大的过程中，必须追求自己的全球利益，比如对世界资源的依赖，包括石油、矿产、市场等，这些都意味着对现行贸易体系和经济格局的冲击。也就是说，中国的崛起需要新的世界经济秩序和政治秩序。

基于这两点，中国人的强国梦只能靠我们自己来实现，别人不可能帮助我们实现。为什么西方对中国进行技术封锁，对我们实行武器禁运？如果真的是全球化、市场化，为什么中国有钱，他们却不把武器卖给我们呢？中海油收购优尼科，出价比别人高出 25 亿美元，他为什么不卖给我们？我们有这么好的市场，希望以市场换技术，他们为什么还对我们技术封锁呢？所以说，中国的强国梦只能靠自己来实现，那我们自己的企业就要成为中国经济的主体。

有人说外资企业也是中国的企业，这个观点我是极不认同的。外资企业不是中国企业，第一在经济上不是中国企业，起码它们交的税就比中国企业少！外资企业虽然在中国，但它们是可以通过各种关联交易的渠道把利润和税收转移出中国的。第二在政治上外资企业也不是中国企业，因为它们的法人不是中国国民，对中国没有公民的责任和义务。美国的企业首先必须服从美国的国家利益，美国军火商不可能违反美国法律向中国出售军事装备。在中国的外资企业必须服从中国的法律，这个没错，但是它同时也必须服从它老板所属国的法律，在这方面它和中国企业是有区别的。在很多中国人心目中，外资被过分美化了，好像它们就是来帮助我们实现现代化的，是活雷锋。外资不是活雷锋，外资就是外资，资本是逐利的，外资企业是跟着利益走的。

玛雅：你认为，产业安全是实现中国创造的基础。为什么这么说？

向文波：中国要成为创新型国家，第一个问题是，谁是创新的主体。改革开放30多年来，我们做梦都在想怎么能尽快地引进技术，赶上世界先进水平。我们尝试过以市场换技术、以项目换技术，我们还以优惠政策和各种优惠条件换技术，但是收效都不大。事实证明，真正的核心技术，用钱是买不来的，靠开放市场也是换不来的，发达国家对我们实行技术封锁，很多我们希望得到的技术并没有得到。拿来主义行不通，真正的核心技术是人家的命根子，谁会把自己的命交给你呢？所以，我们必须丢掉幻想，靠自主创新来实现我们的理想。

那么谁是创新的主体？企业是创新的主体，中国自己的企业是创新的主体。世界上任何一个发达国家，企业都是创新主体，大量真正的技术是在企业，而不是在政府的研究所。

产业是中国创新的平台，因此产业安全是我们必须高度重视的问题，也是一个非常值得警惕的问题。前面已经谈到，外资乘中国国企改革之机，加大了整合中国产业的力度。他们看到了中国经济的潜力，看到了中国产业的价值，企图并购中国龙头企业，有的甚至提出了斩首行动计划。这个口号是触目惊心的。这样的口号，我想他们只有在中国提出，任何外国资本都不会在其他国家说，我要收购你们所有的龙头企业。这背后的原因是什么呢？是有些中国人缺乏必要的警惕性，对外资过度开放。徐工并购案提醒我们，对外资的开放必须是有管理的开放，必须是有保护的开放，不能以丧失控制力和主导权为代价。这个原则在全世界都是一样的，制定关贸总协定的美国都有管理开放的机制。

中国要成为经济强国，要成为政治大国，如果没有自主性，没有独立性，我们的目标是无法实现的。的确，引进外资使我们的技术水平和管理水平大幅提升，但是如果失去了自主性，我们永远不可能实现超越，永远是老二老三，因为我们失去了自主发展的权利。过去我们和西方之间差距很大，我们通过引进可以很快缩小差距，即使人家把三流技术卖给我们，对我们来说也是一流的。但是如果在开放中失去了自我，比如一旦徐工被外资控股，那它就是再先进，也不是你的了，它就是再先进，也不能为中国制造军事装备了。

只要国家还存在，国家利益就存在，经济就不可能是纯粹的经济，任何经济行为都有政治的考量。我们是在这种很现实的条件下制定政治和经济决策，如果不清楚这一点，就是政治上糊涂。我给某些专家一个称呼，叫“太空经济学家”，因为他们太脱离现实，总在讲什么引进外资，加强竞争，通过竞争提升民族产业的竞争力。这让我想起了中国革命时期共产国际要求红军打正规战、阵地战，最后搞得红军丢掉了苏区，被迫二万五千里长征。现在我们有些经济学家也是这种观点，如果按他们说的做，结果可能是民族产业的灾难！

我对中国经济的发展充满信心

玛雅：中国的工程机械行业这些年发展迅猛，一个重要原因是得益于基础建设的大规模投资，赶上一个好的机遇期。目前世界经济低迷，中国经济增长减速，制造业也有所放缓，由此造成市场竞争更加激烈。在这种情况下谁能胜出，如何胜出，三一对未来市场环境的预期和应对有什么战略性的思考？

向文波：中国一个时期以来的高速发展给很多国人提供了机会，也孕育了很多产业。其实回想全球经济的发展，也是如此。当今世界的工业奇迹可以说是欧美先发国家工业化和城市化的结果，所以现在高端装备制造的主体市场，比如工程机械，仍然是在工业发达国家，并不是在发展中国家。中国作为一个正在崛起的13亿人口大国，它的工业化和城市化发展理所应当孕育出大量的世界级企业，这是合乎逻辑的。13亿人口的大国是世界最大的经济体，也是最大的统一的市场，没有语言障碍，没有国界，人口总数超过所有发达国家人口的总和，所以应该说它的发展潜力是巨大的。

我所设想的中国经济的美好未来是什么样呢？中国这么大一个经济体要实现工业化和城市化，这个过程可能还需要一二十年的时间，我们要抓住这个机遇，孕育和培养出一批富有国际竞争力的中国企业。即使中国工业化和城市化完成了，仍然需要大量的装备、大量的工程机械，就像现在欧美仍然是世界工程机械的主体市场一样，中国市场的潜力是不可低估的。所以，我们首先应该利用中国的机会，孕育大量世界级中国企业，将来这些企业有能力去深度参与全球竞争，就像今天的欧美国际化大企业一样。到那个时候，我们就有了一个可持续发展的未来。

尽管近期中国经济有所放缓，但我仍然相信中国经济的潜力。原因就是刚才讲的，中国的工业化和城市化还没有完成。我对中国经济前景的判断是，只要中国政治和社会稳定，经济持续发展就是可以期待的。因为中国经济的内生动力是巨大的，这个内生动力就是老百姓对改善生活品质的渴望和需求。所以，只要国家的政治社会环境能够保持稳定，经济的发展动力是不可遏制的。

我的另一个看法是，中国的政治、经济体制是非常适合现阶段发展要求的，我们必须坚定地走自己的路，不要自乱阵脚，不要迈错步子。我们的方向是对的，这个方向是什么？首先是共产党一党执政。同时在经济上，一方面国家对战略资源实行国有，比如土地、石油、矿产，这些应该是国有化的，另一方面是竞争性产业的高度市场化。这两个方面把握好，中国的经济发展就会很有秩序，同时也不会缺乏活力。

玛雅：中国的政治体制被很多中国人和西方人诟病，你强调共产党一党执政的正确性，你的理由是什么？

向文波：很多人认为中国的政治、经济体制存在这方面或那方面的问题，但我认为，尽管存在许多问题需要解决，尽管需要不断改革，但整体来说，现行体制是符合中国现阶段发展要求的。中国现阶段发展要求是什么呢？就经济而言，首先是追赶世界工业化国家，缩小差距，通俗讲就是“速度”。大家都知道，我们错过了工业革命的发展机遇，与工业化国家相比，我们有几百年的差距。就现阶段而言，我认为，效率，也就是发展速度，应该是我们经济和社会发展最核心的问题，公平是次要的问题。当中国经济社会发展到一定程度，比如达到欧美今天的水平，我们认为公平已经成为首要问题，到那个时候，我们可以在政治上和经济上做一些更深层次的改革。

现在这种权力高度集中的管理体制，是有利于中国发展的，改革开放30多年来的成功证明了这一点。如果我们拿中国经济和其他发展中国家比，不论大国小国，没有一个国家可以和中国相媲美。当然，如果和工业发达国家比，我们浑身上下还有不少的毛病。实事求是说，我们和世界工业化国家几百年的差距不是一夜之间就能消除的。所以我认为，中国特色的发展道路，有三个核心要素：即共产党执政、战略资源国有化和竞争性产业市场化。共产党一党执政是中国的政治现实，可以保持中国稳定，可以决策更有效率，也更有执行力。国家对战略资源的控制，保证了政府对经济有绝对的宏观调控能力。很大程度上，我对中国经济前景的信心也是来自这一点，中国政府确实有很强的经济调控能力。

另一方面，如果竞争性产业能够进一步市场化，能够通过竞争产生一批具有国际竞争力的企业，那就达到了我说的那种美好未来的愿景，就是说，借助中国经济的发展机遇，造就出一批世界级的企业。世界级的企业靠垄断经营是造就不出来的，因为垄断经营的效率和创新能力受到限制，真正具有竞争力和创新能力的民营企业是市场化的主体，这一点也是世界发展经验证明了的。

我对中国经济的发展充满信心，我也希望中国不要自乱阵脚。现在各种思潮不少，比如自由化思潮、完全市场化思潮，这些都是错误的。中国不能完全市场化，为了保持快速稳健发展，我们希望政府有很强的宏观调控能力。中国也不能搞西式民主，因为这可能带来动乱，动乱不但会阻碍发展，也不可能带来公平。

靠核心技术去打产品质量战，才有希望

玛雅：2013 年全球经济环境仍然不乐观，中国经济和世界经济都有可能遭遇风险。你认为，中国企业应该如何把握局面，以应对经济环境的变化和市场变化？

向文波：经济环境和市场竞争每时每刻都会发生变化，中国企业如何应对经济环境和市场变化？首先还是那句话，我对中国经济是有信心的。尽管近期增速有所回落，但是中国经济发展源于内生的动力，源于政府强大的宏观调控能力，它的速度是可以人为调控的。30多年来的经济发展就说明了这一点，中国既保持了高速增长，也没有导致恶性通货膨胀，经济总体来讲是健康的、正面的，所以我是充满信心的。

从长远来讲，不管是应对中国经济环境的变化，还是应对全球经济环境的变化，企业始终应该把提高效率、降低成本、提高产品质量和创新能力作为企业经营的核心来坚持。不管在什么样的经济环境下，能够生存下去的企业都是对成本有很强控制能力的企业，是具有创新能力的企业。中国企业不管是应对当前的经济滑坡，还是应对未来的激烈竞争，都要持之以恒把这项核心工作做好。

玛雅：2006年全国科技大会召开，部署建设创新型国家，着重强调企业的创新能力。此前，“中国制造”的技术含量非常低，8亿件衬衫才能换来一架空中客车。经过这几年的发展，中国企业的创新能力有了很大提高，但是仍然明显不足。三一取得今天这么优异的成绩，最重要的经验是什么？

向文波：三一是个例外，民营企业像三一这样进入装备制造业的很少。现在在中国，民营企业的生存其实是很尴尬的。虽然民营企业与国有企业并存，但是大家都认为，国有企业才是中国经济的主体，那么政府部门的资源向国有企业倾斜就理所当然。虽然始终在讲给民营企业与国有企业同等的地位，但实际上是做不到的。

再一个是外资企业，他们不但有很强的实力和竞争力，而且外国企业与他们的政府之间合作是很密切的。美国政府背后都是财团，所以美国企业有地方说话，有表达自己意见的管道。与国企和外企相比，中国民营企业的角色就有点尴尬。所以我说，在中国做企业是很困难的，做民营企业更困难。如果没有坚定的信念和信心，能把实体经济做下去的人很少。

而且民营企业界很多人缺乏长远打算，他们过一段时间就把企业卖掉，或者自己移民国外了。因为在中国做企业太难了，有复杂的企业关系、政府关系要去处理。中国的经济环境还不十分规范，企业经常会面临各种挑战。所以很多人愿意搞房地产，搞个楼盘赚一笔钱，没有楼盘了就走人。但是搞实体经济不行，它是持续经营，是很困难的，这也影响到民营企业创新的决心和创新的投入。毕竟，有理想有追求的民营企业是很少的。

三一是这样的企业。从 1994 年创业到现在，我们始终如一专注于实体经济，没有去涉足其他领域。这么多年来，不管什么样的诱惑，我们都抵制了，一切轻松发财的机会都没跟风，什么国企改制啦，房地产啦，什么倒买倒卖，经营各种消费品，我们统统没去碰，就扎扎实实搞装备制造。我们确实想为中国贡献一个民族品牌，这也是为什么我们坚持不懈搞研发、搞创新的一个重要原因。

玛雅：*在技术研发、技术创新方面，三一是怎么做的？*

向文波：三一的研发创新完全依靠自己。我们的研发人员近万人，相当于1/6的员工都是研发人员，每年研发投入5%。这个比例在中国、在世界任何一个传统的装备制造领域都是很高的，不管是在人员数量上，还是资金投入上。三一能做到这么大，目前是中国最大的装备制造企业，2012年还收购了一家德国企业，完全是靠自己研发和创新驱动发展，在中国国内我们没有搞过并购。所以说，三一是个例外。但是在这当中确实要有很坚定的信念和意志才行，否则有太多的理由足以使你放弃。

有人说民营企业没有创新能力，技术都是从外面偷来的，这种说法是站不住脚的。三一所拥有的技术是世界级水准的，在中国当然也是最先进的。没有什么技术值得我们去偷，恰恰相反，因为我们拥有最先进的技术，我们的知识产权经常受到别人的侵犯。在我们的工厂附近就有好几个猎头公司，目的就是从我们企业挖人。

说实话，中国从一个农业社会走向工业化，这个时间还很短。工业的积累比较少，机械工程领域的积累也很少，优秀人才凤毛麟角，很难找到。尤其是大企业，这么大的体量到哪去找那么多人才？只能自己培养。所以三一大量招聘研发人员，不但解决了自己的发展需要，也解决了整个行业的需要。现在全国的混凝土机械行业很多人才都是从三一走出去的，到处都是三一培养的研发人员在发挥作用。这可能也是企业做到一定规模后，对国家应尽的一种责任吧。

玛雅：你们吸引人才的条件待遇比其他企业优惠很多吗？

向文波：那当然。我们现在搞大范围的股权激励，核心研发人员是主体。三一的研发人员可以享受职称，享受行政人员待遇，比如主任工程师可以享受正部级行政待遇。在三一，我们创造出一种文化，没人愿意做官，人人愿意搞研发。我们认为，中国想做官的人太多了，想扎扎实实搞技术的人太少了，所以我们就在小的企业文化圈子里培植了这种“技术本位”的文化。

三一之所以能够取得这么多的创新成果，跟我们的创新激励体系是有关系的。我们有一整套创新激励体系，包括股权、薪酬、晋升、学习等内容。实际上，我们的技术负责人就是从外面引进的人才，在来三一之前没有搞过混凝土机械，但是各方面能力很全面，公司给了他 2% 的股权，让他也成为公司的老板。

我们有一套工程技术人员股权鼓励的办法。我们有位研发混凝土机械有功的工程技术人员拥有上市公司 2000 万股权，现在的市值 3 个多亿。另外，我们制定了两个政策，一个是专业技术人员创新管理办法，一个是非专业人员创新管理办法，对全民创新成果给予奖励。我们还通过和高校合办硕士研究生班、外派学习、出国考察等多种方式为工程技术人员提供再学习的机会，同时设计建立了工程技术人员职业发展通道，工程技术人员可以享受总经理的待遇。

通过这一系列的办法，三一凝聚了大量优秀的工程技术人员，拥有行业最强大的研发队伍，成为国家级研发中心。2011 年，三一获得了工程机械行业唯一的一个国家科技进步二等奖。三一所有的成功，在相当程度上都得益于技术上的创新。未来，我们将不断提升自主创新能力，为中国工业更大的辉煌，为民族工业的振兴，做出更大的贡献。

玛雅：在你们那里，知识真正得到了尊重，创新得到实实在在的奖励，这也是你们和其他很多民营企业，也包括很多国有企业相比，在技术竞争、技术进步方面的过人之处。

向文波：的确如此。三一成功最重要的原因就是创新，主要在两方面。第一是观念创新。我们刚进入这个行业时，中国到处都在提倡一个概念——国产化。所谓“国产化”，就是通过引进技术，把人家先进的设计拿来，以国产的原材料、国产的零部件，按照国外的设计来生产产品。但是，由于我们的基础产业十分落后，尽管引进了先进技术，经过国产化照葫芦画瓢搞出来的产品完全不是那么回事。三一打破这种思维，实行制造全球化。不管是哪里生产的，只要是最好的，我们就拿来装备自己的产品。这种模式后来被普遍接受，大大推进了整个工程机械行业的进步。讲创新，观念创新是最重要的，没有观念的创新，其他创新都无从谈起。

第二是技术创新。在三一，这是最生动、最富有成果的创新。中国很多的第一都诞生在三一。比如，第一台高压力大排量混凝土拖泵诞生在三一，国内最长臂架泵车诞生在三一，中国最大的400吨履带起重机诞生在三一，中国第一台旋挖钻机诞生在三一，全世界第一台三级配混凝土拖泵诞生在三一，世界第一台全液压平地机诞生在三一……

我们进入这个行业后，最先生产的是混凝土拖泵。当时国内只有两个国有企业生产这个产品，走的就是和外企合作引进技术的路子。但问题是，外国企业并没有把真正先进的技术转让给中国企业，转让的实际上是已经被淘汰的二三流技术。另外，他们也没有把真正的核心技术转让给中国企业，所以中国企业每生产一台产品都得被迫从国外进口一些零部件。通过这个交易，大部分利润都被外企合作伙伴拿走了，中国企业赚到的只是一点辛苦钱，相当于搬运工的钱。三一搞创新，在某种程度上是被“逼上梁山”的。

玛雅：逼上梁山？这是怎么回事？

向文波：我们开始也想找外企合作，但是人家嫌我们公司太小不跟我们合作。另外有的外企已经确定了在中国的唯一合作伙伴，不能跟我们合作，所以我们“因祸得福”，走出了一条自主创新的路。

我们创新从两方面展开。一方面，我们发现中国的建筑施工有两个特点，一个是楼越盖越高，另外工程越来越大，国外的混凝土拖泵不适合中国市场，首先打不高，而且排量小。针对这两个特点，我们开发了高压力、大排量的拖泵。另一方面，我们致力于开发拖泵的核心技术。拖泵的核心技术是液压控制技术，当时国内没有这个技术，每生产一台设备，都要从国外买进这样的系统。我们通过开发掌握了这个核心技术，不但产品成本大幅度降低，只相当于进口产品的一半，并且性能大幅度提高。就这样，三一产品很快就占领了国内市场，原来靠拿来主义的两个国有企业现在已经全部退出，市场上见不到它们的产品了。

拥有核心技术，这就是自主创新的价值。现在中国很多企业不重视创新，结果因为没有核心竞争力，就只能打价格战，实际上打的就是劳动力的低成本战。现在很多农民工月工资仅几百元，只能解决自己的生存问题，不可能解决发展问题和养育后代的问题，所以我们启动国内市场就很困难。中国企业真正要有竞争力，必须得有自己的核心技术，靠核心技术去跟人家打产品质量战，打服务战，而不是打成本战。这才是中国经济发展的希望。

国家应给民营企业公平的竞争地位

玛雅：*在你看来，比较理想的民族工业发展的大环境是什么样的？*

向文波：我写了一篇博文。我说，三一这次起诉奥巴马，很多人在我的博客上留言，对中国的改革开放持怀疑态度，也有些极端民族主义倾向，其实我对这种观点是不赞成的。中国的出路还是在改革开放，但是对改革和开放的关系需要处理好，二者之间首先是要协调。我的感觉是，中国现在改革严重滞后于开放。我们开放的力度很大，几乎所有领域都向外资开放，但是改革的力度不足。所谓不足，就是国家对企业计划经济式的管制仍然过多。管制对于国有企业可能是必要的，因为是国家的企业，国家作为所有者要履行管理职责，如果不管，可能会出问题。但是把民营企业和国有企业一样管理，这不是一个好方法，会降低企业的效率，不利于企业发展。所以我觉得，首先是要加大改革力度，放宽对民营企业的管制，给予它们充分的自主权。不要国企、民企没区别，上什么项目、上市、并购，什么都得上报政府批准，这是不合理的。要进一步深化改革，要给企业松绑，以增强企业活力。中国经济发展到今天，每一次的飞跃都是改革带来的。改革是什么？就是放松管制的过程，就是释放活力的过程。

这个过程现在还没有完成。尽管我们说发展市场经济，但是我们的管理很大程度上还是计划经济的思维，是用计划经济的思维在管市场，这对企业的活力其实是一种压制。所以我说，改革滞后于开放。其结果是中国企业的手脚被捆起来了，外国企业进入中国市场就如入无人之境，攻城略地，无所不往，毫无阻力。相反，如果我们有序开放，加速改革，让中国的企业都变得非常有活力和竞争力，谁来了我们都不怕，那我们的开放就能带来更多的实惠，中国企业就会有更多的发展机会，也可以利用这些机会培养出更多的世界级企业。

玛雅：三一这样的大型民企已经进入国际市场，与国际资本展开竞争，在这个时候尤其需要国家的支持。你认为，政府应该提供哪些政策支持，为民营企业创造一个更好的发展空间？

向文波：一方面要放宽对民营企业的管制，使之增强活力，同时要给民营企业公平的竞争地位。中国的民营企业已经进入国际市场，与国际资本展开竞争，在这个时候尤其需要国家的支持，政府与企业之间的关系应该更加密切。你看世界500强企业，它们迈出国门寻求国际化的时候，它们的政府是跟着跑的。凯雷收购徐工，美国政府是怎么做的？国务卿、商务部长来中国做说客，胡锦涛主席访美，美国总统也提要求。而中国企业在国际上遇到困难的时候，能够得到这样的支持吗？三一这次的问题是一样的，搞全球化必须按照同等竞争的原则，如果没有这个保证，我们怎么去参与全球化竞争？

当然，我们也得到了中国政府的支持，但是美国总统和国务卿可以为美国企业做说客，我们的政府和企业之间的关系是不是也可以更紧密一些？企业做到三一这样的规模，企业的发展和国家的宏观环境已经有高度的相关性了。大家都说中国企业要走出去，走出去的竞争力在哪里？企业背后的力量是政府。企业就相当于一个野战军，打仗打的是什么？是弹药粮草的供给。中国的民营企业确实需要政府多给一些支持和帮助。

玛雅：中国的民族工业做大了，正在进军海外市场。你对未来的发展前景乐观吗？对所面临的机遇和挑战怎么研判？三一是否打算继续进军美国市场？

向文波：我谨慎乐观。并不是说三一这次投资受阻，在美国就没有机会了，但是这个机会必须靠博弈去争取，靠斗争去争取，这是一个博弈的过程，是个斗争的过程。我相信，美国也需要中国，那么就有合作的基础，合作是建立在利益基础上的，所以我们仍然是充满信心的。但是这种努力确实需要政府的支持，我们的政府应该成为企业强有力的后盾。尤其是进军国际市场，如果没有政府的支持，中国企业的国际化之路会走得十分艰难，甚至可能会付出惨痛代价。各国企业的国际化都是以国家的硬实力和软实力为后盾的，早期的国际化就是持剑经商，靠武力明抢，今天竞争的方式变了，竞争的本质并没有改变。必须承认，中国的民营企业在未来的发展中，将会遇到来自国内国外的诸多挑战。

尽管如此，我对中国经济的未来仍然充满信心。就像我前面说的，中国的工业化和城市化可能还需要一二十年的时间，即使中国的工业化和城市化完成了，仍然需要大量的装备、大量的工程机械，就像现在欧美仍然是世界工程机械的主体市场一样。所以，中国的民营企业首先要把握中国发展的先机，同时也要有能力去深度参与全球竞争，就像今天的欧美国际化企业一样。我相信，在中国这么大一个经济体实现工业化和城市化的发展机遇期，只要我们坚定不移走自主创新的道路，就必将会成长起一批具有国际竞争力的中国民族企业。

玛雅：德国《世界报》网站今年4月17日报道，据奥纬咨询公司工程机械市场专家罗梅德·凯尔普分析预测，在对世界市场的竞争中，中国工程机械制造商将胜出。“中国企业处于理想状态，因为它们拥有新兴市场优先需要的东西：耐用、技术简单、价格合理，且用户可自行维修。”另据日本《朝日新闻》6月8日报道，日本经济产业省2012年12月对日本2.5万家制造业企业实施调查，结果显示，40.8%的受访企业认为，在和同行业中国企业的竞争中“处于劣势”，认为“占优”的企业为38.8%。

三一作为中国工程机械的龙头企业，为中国企业争了光，为中国争了光，赢得了世界同行的赞誉。你们坚持自主创新，为中国贡献一个民族品牌的愿望和志向，更赢得了中国人的喝彩。

2013 年 6 月作于北京

2014 年 7 月改于北京

2012年7月18日，世界卫生组织总干事陈冯富珍在北京表示，“现在全世界都在医改。中国有13亿人口，医改的难度更大，但过去5年取得的成绩举世瞩目，医疗保障覆盖率从30%上升到95%。中国医改是以人为本的好政策”。

此前不到一个月，美国最高法院6月28日做出裁决，总统奥巴马两年前签署的医改法案不违宪。2010年初，凭借当时民主党控制国会参众两院的“天时地利人和”，奥巴马力推的医改法案获得通过。但其后，全美有26个州相继出现违宪诉讼。医改法案成为共和党总统竞选人罗姆尼极力想要命中的标靶，最高法院力避违宪的终裁，使奥巴马在总统大选的对决中躲过一劫。

对于任何现代国家来说，医疗保障作为最大的民生问题之一，都是不可忽视的政治议题。一国的医疗保障体系，反映其政府的执政理念和执政能力，是检验其政制合理性和政策有效性的一个硬指标。从这个意义来看，中国60多年来医疗保障体系的总体发展如何？相比美国资本主义市场化体系，社会主义医疗保障体系有何优势？美国医改的一波三折对中国医改有何借鉴？中国在市场化转型中，医疗保障体系经历了怎样一个损毁与重建的过程？

中国医疗改革世纪大突破

李玲

卫生经济学家、北京大学国家发展研究院教授。
主要著作有《健康强国：李玲话医改》
《中国公立医院改革——问题、对策和出路》
《人力资本、经济奇迹和中国模式》等。

访谈时间：2012 年 7 月
访谈地点：北京

SARS灾难是中国发展中的一个重大转折点

玛雅：世界卫生组织总干事陈冯富珍近日称赞说，中国医改取得了举世瞩目的成绩。你长期研究中国以及世界各国的医疗体系，中国60多年来医疗保障的总体情况如何？在世界国家中处于什么水平？

李玲：谈中国60多年来的医疗保障，要分为前30年和后30年。前30年我们创造了一个中国奇迹，因为没有哪个国家可以花那么少的钱，就解决了老百姓的基本医疗问题。而且我们走的路真正是叫中国模式，它改变了工业革命以后的西方医学模式。工业革命以后的医学模式是，科学技术越来越发达，新药、新设备、新仪器，专业化、正规化，医生一定要经过高精尖的培养，整个医学模式是往高精尖走。对于发展中国家来说，这就造成了越来越多的人看不起病，因为个人没钱，政府也付不起。而中国走的恰恰是另外一条路，农村的赤脚医生，这是中国人的一大创举。赤脚医生不是正规的医生，按照今天的标准根本就没有行医的资质。但是毛泽东当时说过一句话：这总比去庙里拜菩萨、吃香火好，比没有好。西方经济学里有个理论叫“干中学”，其实赤脚医生就是干中学的产物。用很短的时间给他一个培训，然后他就边干边学，虽然不正规，但是出不了什么大事。一来他是处理常见病、多发病，二来是用中医手段，顶多治不好，但是不会一针打进去，一刀开下去，搞不好就让人致死。

玛雅：照这么说，中国能走出一条不同于西方医学模式的路，主要是得益于中医？

李玲：我觉得，更多的是因为共产党的组织形态。共产党为什么能胜利？就是它超强的组织能力，把基层百姓组织起来，亦兵亦民，人民战争，无坚不摧。农村合作医疗就是将这种组织能力、组织资源与传统的中医结合起来，实际上是靠群防群控，也就是发动群众，让每个人都成为健康的劳动者。赤脚医生不是真正的医生，他们是维护农民健康的发动者和组织者，给农民健康的普及教育，预防疾病，治疗一些常见病。城市里的工厂有医院或者卫生室，厂医的工作和赤脚医生相似，主要是预防疾病和促进健康。一些小毛病，也是用最简单的中医的方法治疗，效果非常好。所以，中国 1949 年人均预期寿命只有 35 岁，到 1978 年已经是 68 岁了。

国际卫生组织 1978 年在阿拉木图召开年会，那是一个里程碑式的大会。参会各国的政要们签署了“阿拉木图宣言”，主要内容是到 2000 年实现 health for all（人人享有健康）。它的背景就是推广中国经验，因为中国解决了这个问题，走出了发展中国家的路，这给了国际卫生组织极大的鼓舞。后来大量的发展中国家都是学的中国经验，你到印度尼西亚、马来西亚、泰国去，他们说，我们的医疗体制是学的你们中国，包括印度也是学的中国。

但是历史的诡异之处是，1978 年中国开始转型，国际卫生组织最推崇的农村合作医疗制度以及赤脚医生队伍 1978 年开始土崩瓦解。因为这个制度依附的是集体经济，集体经济没有了，它也就失去了存在的基础。

玛雅：由此带来的前后30年的最大变化是什么？

李玲：在我看来，最大的变化是，前30年医疗卫生的重点是在农村，在基层，医疗资源的配置，包括人才的培养，都是想方设法怎么来解决健康普及的问题，城市大医院的医生都下农村巡回医疗。但是1978年以后走的是另外一条路，医疗卫生的重点逐步从农村转为城市，优质资源都往城市集中，农村渐渐被淡忘了。在这个过程中，不可否认，城市医院发生了翻天覆地的变化，楼越盖越好，设备越来越先进。尤其是大城市的大医院，这30年的医疗技术确实跟上了世界水平，甚至在超过。有能力或者有权力的人享受到的医疗服务是国际一流水平，这是毫无疑问的。然而，我们牺牲的是大多数人的利益，农民基本没人管了。包括城市里不在社会保障体系中的人群，基本上是小病拖着，大病扛着，医疗完全变成了个人的责任。

在这个过程中，随着国有企业改制，政府税收不断削减，政府在医疗上的投入也逐年下降。1978年政府投入占总的卫生投入30%以上，再加上企业投入，个人的医疗负担平均不到20%。但是到了2002年，政府投入下降到17%，这在全世界都是很低的。个人医疗费用比例高达60%以上，也是世界上很高的。

纵观60多年中国医疗保健的发展，实事求是地说，作为我们这个人均收入水平的国家，我们的医疗水平，包括健康指标，是高于收入水平的。但是前后30年走的是完全不同的路，各有利弊。如果从健康绩效来衡量，后 30 年是远远低于前 30 年的。

玛雅：为什么会出现这种差距？

李玲：我认为，和我们后来的制度安排有很大关系。健康绩效的下降很大程度上不是城市，而是农村，因为我们基数最大的是农村人口。农村合作医疗瓦解后，公共卫生没有了，农民回归到有病不看了的状态。特别是生孩子，有些地方去医院生不起，接产婆到家里接生，死亡率上升。

玛雅：这是一个倒退。

李玲：的确，结果健康绩效一下子就下来了。

2003 年 SARS 的发生是个转折点。SARS 以后，中国政府开始注重医疗卫生。那场传染病可以说是中国发展中的一个重大转折点。

玛雅：灾难震动了政府，带来了变革。

李玲：灾难推动历史前进。2003 年以后，政府对医疗卫生的重视程度加强了。农村新型合作医疗开始实施，健康绩效提高很快，产妇、婴儿的死亡率大幅下降。总体来说，中国的健康水平超越我们现在的经济发展水平。我们走过一段曲折的路，现在重新回到正确的方向上来了，正在往前走。

医疗体制进步源于社会主义的宝贵实践

玛雅：从你的分析来看，一国的医疗保障体系与它的发展模式相关，那么换个角度来说，一国医疗保障的发展对其总体经济发展有什么影响？

李玲：这是至关重要的。一个国家医疗保障体系的发展对总体经济发展非常重要，因为健康的劳动力是经济发展的推动力。有一个好的医疗体系，就意味着可以用比较低的成本产生比较高的健康水平，从整个宏观经济来说，运行成本就很低。较低的成本能够产出较高的健康，就像我们前30年那样，那你想，这么多健康的劳动力怎么能不促进健康的经济发展呢？我们做过研究，中国这30年经济能够快速发展，健康、有知识的劳动力是最大的推动力，二者显著相关。

对比美国，奥巴马上台正好赶上金融危机，他为什么把医改作为首要任务？就是因为整个美国的医疗服务体系费用太高了，人均8000美元，占GDP的18%。一个人一年看病就花去8000美元，你想想这是多高的费用，这就是劳动力的成本呀。所以奥巴马说，这已经使美国经济失去了竞争力。而且美国1/3家庭破产都和医疗相关，一场病也会像我们中国说的，造成一个家庭因病致贫、因病返贫。所以，一个国家的医疗体系对它的总体发展，不论从人力资本的角度，还是社会成本的角度，影响都非常大。

一国的医疗体系与经济增长也是相关联的，医药、耗材、设备等所有和健康相关的产业都是新的经济增长点。现在生物制药、设备耗材，比如核磁共振、CT 等，整个世界市场被美国、日本、欧洲占领，市场非常大，利润非常高，这就是他们新的经济增长点。为什么我们要调整经济结构？我们现在的结构太不合理了。我们靠过去积累下来的健康、年轻、有知识、遵纪守法、勤劳肯干的劳动力，给全世界生产低端产品，供全世界人消费，破坏我们的健康，污染我们的环境，消耗我们的资源，完了呢？挣来那仨瓜俩枣的，因为利润很薄嘛。可是这钱干吗去了？买药吃呀，买仪器设备回来治病呀。我们国家现在进口药占 70%，设备耗材基本上是进口的，支架、钢板、核磁、彩超、CT，都是进口的。挣来的仨瓜俩枣一下子就都还给人家了，亏不亏呀？为什么美国人那么舒舒服服的，国家就能发展得挺好？因为都是利润极高的产业。你在美国多年，看见过 made in China 的药品吗？所以，我们的经济结构一定要改变，包括健康这个产业，否则中国经济走不出目前的困境。中国 13 亿人的市场为什么不吃自己造的药？为什么不用自己生产的耗材、自己造的仪器设备？

玛雅：说到美国，美国以及西方各国的医疗体系经历了怎样的发展过程？与资本主义国家相比，社会主义医疗保障体系有什么优势？

李玲：从来没有人问过我这个问题，因为现在讲“普世价值”，社会主义讲得少了。这么说吧，社会主义医疗保障体系远远好于资本主义，资本主义国家现在做得比较好的都是学的社会主义。但是我们很多人，包括很多领导干部，都对这个毫无概念。在他们脑子里，凡是社会主义的都是不好的，资本主义的都是好的。事实上，整个社会福利体系是社会主义国家建立的。

西方的医疗保险产生于工业革命以后，现代化大工厂生产造成极大的健康风险，出现了与行业相关的疾病，比如炼钢造成的肺病。最开始在工厂里是一种互助的形式，我们哥几个关系好，每个人放一点钱在那里，当中谁病了，就用这笔钱。慢慢的，这种形式演化为商业保险，有一个机构专门来做这个。但是商业保险机构是要赚钱的，通常只愿意卖保险给健康、有钱的人，所以它的覆盖是有限的，不可能做到全民覆盖。

1882 年，德国俾斯麦政府立法，要求所有德国老百姓都加入医疗保险体系，买不起的，政府给予补助。德国是第一个实行社会保险的国家，用政府的力量来给全体百姓提供一个保障。当时的英国、后来的日本都是学的德国。苏联 1917 年十月革命胜利后，苏联人觉得，干吗要去搞个医疗保险体系？国家的一切——矿山、资源、企业都归全民所有，政府直接办医院不就得了吗？老百姓看病都是免费的，完全把医疗做成了一种福利。这就是苏联的公费医疗体系，或者西方人所称的国家医疗服务模式。

这个模式的好处在于，医疗卫生不再是按钱（价格）来分配，而是按需分配。医疗服务由公立医院提供，核心是搞定了医生。保险是个分担财务风险的方式，你病了，有人替你付钱，你看得起病了，但是它没有解决医生的问题。在这个体系中，医生是要挣钱的，因为他有各种成本。所以来了病人，医生都有激励机制，多给你看，多看就从保险公司多拿钱，以至于它永远是一个费用不断攀升的体系。但是苏联解决了这个问题。医生护士由国家培养，给他工资，相当于国家养着他，让他为老百姓提供医疗服务。这种服务没有金钱交换的关系，也就没有促使医生提供过度服务的激励机制。当然可能存在我们中国人说的不愿意干的问题，但是当时社会主义国家都有思想教育工作，以及较高的报酬和待遇，特别是职业荣誉感，把病人治好了，医生也得到了快乐。

玛雅：苏联建立的这套体系对西方国家产生了什么影响？

李玲：对整个西方世界可以说是震撼无比。英国二战后在1948年建立了国家医疗服务体系（National Health Service system），或者叫全民医疗体系，就是学的苏联。苏联的公共卫生也做得非常好。苏联为什么有那么多疗养院？都是给工人建的。苏联一开始也是搞工业化，也有疾病风险问题。这方面他们做得非常好，炼钢工人工作一段时间，就被送到黑海去疗养，就能得到恢复，减少了职业病。

我在美国时读过白求恩传记，白求恩为什么会成为一个共产主义者？他是受到苏联的影响。白求恩是加拿大人，在底特律行医，是美国非常有名的胸外科大夫。他发现穷人看不起病，无论医生良知有多高，给穷人免费治疗，都解决不了这个问题。他就在北美积极呼吁，写议案，要求政府解决这个问题。但是在1930年代大萧条时期，美国政府、加拿大政府都不理他。1935年白求恩去苏联参加一个国际学术会议，去了以后眼前一亮，发现他多年来在北美呼吁的事情，苏联早已经实现了。他用了很多时间考察苏联的医疗体系，回去以后就加入了加拿大共产党。后来他受加拿大共产党和美国共产党派遣，不远万里来到中国。白求恩从一个医生变成一个社会活动家，又变成一个共产主义的信仰者，根源就是去苏联看到了公费医疗体系，深深感受到社会主义制度确实比资本主义好。

玛雅：苏联解体后，医疗保障体系变了吗？

李玲：这个问题非常有意思。苏联解体后，什么都卖掉了，可是医院没卖。医疗、教育、住房，都还沿用过去的体系，这保证了它的社会没有整个崩溃。几年前我去莫斯科，感到很吃惊，莫斯科的酒店是我住过的最贵的酒店，当时400美元，法国、德国都没这么贵，纽约也没这么贵。莫斯科房子也很贵，我问俄罗斯人，你们怎么买得起房？他们说，我们没人买房，有钱人、暴富的商人才买房，我们过去的体制下人人都有房，包括用水用电用气，都是免费的。

俄罗斯的医院跟我们完全不一样，硬件比我们差多了，但仍然是免费的，还是按需配置，医疗还是个福利体系。医院里没有多少病人，不像我们的医院，人满为患，菜市场似的。但是人家的软件——人文关怀和平等理念，让我很感慨。医院虽然是老房子，但门口放一束花，放着轻音乐，非常安静的就医环境。当然，他们现在也面临问题，也要改，就是医生的待遇。在普遍市场化的环境里，医生还是过去政府管的体系，待遇肯定低。他们很可能会走上我们曾经走过的路，放手让医生去挣钱。

玛雅：苏联易帜，背离了社会主义，社会福利体系居然保留了下来。

李玲：因为要选总统，他不敢。如果取消社会福利，老百姓就没活路了，就会是一场革命。所以，俄罗斯经济崩溃到那种程度，老百姓还能有一个最低保障。相比之下，我们中国老百姓太本分了，我们当年也有低水平的福利体系呀。农村有赤脚医生，城市无论是公费医疗还是劳保医疗，家属都享受一半的福利，看病半价。我最近查阅文件，从来就没有一个政策说，这个福利取消，但是客观上就没有了，老百姓也都接受了。我们的人民为改革做出了巨大的牺牲，如今改革的成就举世瞩目，我们应该重建社会保障体系，让全体人民共享发展成果。

玛雅：1930 年代大萧条时期，罗斯福用社会主义的方法挽救了资本主义的美国。现在听你介绍，资本主义国家是效仿苏联建立了全民医疗体系。

李玲：但是现在话语权都在西方发达国家手里。所有的卫生经济学教科书，一分类就这几大体系：英国体系、德国体系、美国体系。英国是国家医疗服务体系，德国是社会保险体系，美国是市场化体系。其实英国的国家医疗服务体系，就是公费医疗体系，正宗的发明者是苏联，比它早 30 多年，但是苏联完全没有话语权。这就是我们现在知识的盲点，从上到下都是崇美的，崇拜西方。2006 年我给中央政治局讲课的时候谈到，国家医疗服务体系的创始者是苏联。它是社会主义制度的一部分，老百姓人人得到医疗保障，这是社会主义制度的优越性之一。

到目前为止，无论是社会主义国家还是资本主义国家，采用全民免费医疗体系的绩效都高于医疗保险体系，第一是投入低，第二是效率高。比如，德国是保险体系，费用占它GDP的12%;英国9%，但健康绩效更好。再如美国，那就不能比了。英国的费用只有美国的1/3，但是健康绩效更好，人均预期寿命、婴儿死亡率等指标都远远好于美国。

玛雅：根据美国哥伦比亚大学2012年10月一份研究报告，美国的人均寿命在发达国家中是垫底的，主要原因“可能要归咎于美国医疗体系的缺陷”。而英国人对他们的医疗体系却感到很骄傲，把它作为“英国特色”和对世界的“独特贡献”搬上了2012年的伦敦奥运会。

李玲：是的。虽然国家医疗服务体系的原创者是苏联，但英国的贡献在于，在市场经济的背景下，建立了按需分配的免费医疗制度，而且坚守了60多年。但是现在美国是老大，话语权比较大。英国专家跟我说，美国人妖魔化他们的医疗体系。他们争辩说，英国现在所有的问题，比如看病排队、等候接受手术时间过长等问题，是因为投入的钱不够。英国的费用只是美国的1/3，如果达到美国的费用，他们就是perfect system(完美的体系)。美国现在已经花费那么多钱，还是个千疮百孔的体系。

玛雅：经费投入不足是英国医疗体系一个大问题。遗憾的是，英国政府采用私有化的方法解决问题，结果事与愿违。英国国家医疗服务系统董事会2013年2月宣布，14家公立医院因陷入“夺命丑闻”而接受调查。调查结果发现，自2005年以来这14家医院共有13000多名病人因怠慢治疗而冤死。而造成这一悲剧的根本原因是，英国政府为了减少医保补贴支出，让多家私营公司管理国家医保。这些公司不是根据实际的医疗需求来划拨医保资金，而是为了自己牟利的同时给政府省钱，蛋糕小了，还要加进私营公司来切分一大块，最后分到医院和病人的医保资金大幅缩水，遭殃的就是医院和病人。

李玲：这的确是一件令人震惊的事，也是一个深刻的教训。从医疗的角度来看，最能区分出社会主义和资本主义的差别就是，资本主义说到底是一切变成资本，一切变成商品。

特别是美国体系，非常典型，就是把看病完全作为一个商品、一个服务。这就造成了宏观效率非常低，因为医生为了赚钱一定会过度诊治，扩大病人的病情，多开药，动辄手术。我是1980年代中期去美国留学的，当时和美国中年女性交流，发现她们大多数都没有子宫，开刀摘掉了。我很奇怪，美国人怎么这样呀？80年代到现在，30年，现在中国很多女性也没有子宫。越是城市越这样，到医院一查，子宫肌瘤，切掉。你看现在中国的医院多喜欢动手术呀，其实很多手术完全没必要。这就是这种逐利的机制带来的后果。所以，有些东西可以变成商品，有些是不能的，这就是社会主义和资本主义的根本区别。正如《资本论》所言，如果把律师、教师、医生这种职业都变成挣钱谋生的手段，这个体系一定出问题。

很多资本主义国家都比我们早认识到这个问题。日本是资本主义国家，日本立法规定，不允许营利性的医院，医院绝对不能挣钱。加拿大 1965 年建立了国家医疗保险（national health insurance），只要你是加拿大公民，你交税，看病就由国家买单。这和德国的社会保险不一样，社会保险有很多私人机构在做，加拿大全部由政府提供。加拿大 1965 年同时立法，不允许商业保险。为什么这么做？没有商业保险，大家看病，政府是唯一的买单人，政府就有极强的力量控制医院。任何一个医院违规，政府让你关门，你就只有关门。所以加拿大的国家医疗保险做得很好，加拿大人最骄傲的就是这个，费用比美国低得多，健康指标非常好。回到你的问题，社会主义和资本主义医疗保障体系的最大差别就在于，医疗服务是按需配给，还是按钱提供。

中国医改要吸取
美国医改一波三折的教训

玛雅：医疗改革，做得好的国家我们不学，却学美国，把医院推向市场。

李玲：说到底，是领导干部的素质问题。不懂历史，不懂国际，不知道什么是政府的责任。如果政府所做的仅仅是卖光、拆光、招商引资，那是对现代社会治理的极大讽刺。

玛雅：从官方到民间，很多人认为，美国代表人类的发展方向，美国走过的路、创造的模式，中国跟着走，照着复制就成功了。

李玲：美国都走到坑里了，还跟着走。美国模式不可复制，美国是上帝给人类的礼物。那么大一片土地，那么一点人，就是一张白纸，美国所谓的国父们不就是在一张白纸上画画吗？把印第安人都给灭了，综合各个国家的优势建立了那套制度，哪个国家可以复制呀？哪个国家没有历史，有历史就有路径依赖的问题，不可能把前面的历史全清空，重新来。

而且美国有那么多的优势、那么好的资源，它的模式今天也困难重重。医疗体制就是走不出来，费用太高了，完全没办法控制。昂贵的医疗费用使美国失去了竞争力，奥巴马的医改方案也解决不了问题，因为利益格局已经形成了。奥巴马想做公共保险（public insurance），根本做不成，商业保险集团的势力太强了，还有医药集团，这两大力量就把他搞死了。

玛雅：共和党还攻击他的医改法案违宪，试图推翻。最高法院判他不违宪，才算躲过一劫。

李玲：所以，美国在这个坑里出不来，医疗费用还会不断上升。你能设想一个国家 1/5、1/4，甚至将来 1/3 的 GDP 都用来看病吗？美国将被不断上升的医疗费用拖垮。

玛雅：美国医改不成功，对中国医改有什么借鉴意义？

李玲：借鉴意义非常大。市场在医疗卫生领域是完全失灵的，什么样的体制适合中国，什么样的不适合，我们要清醒，不能盲目去学。美国市场化体系的负担连它都已经承担不了，中国能承担吗？尤其我们现在面临的是个老龄化的社会，你把老人放到现代仪器设备上照一照，都有病，你就治吧。美国现在最大的问题就是它的medicaid和medicare这两大政府医疗保险，一个穷人的，一个老人的。我们很多学者说，医疗，政府根本不要管，政府给弱势人群买单就行了。那美国就是呀，穷人、老人，这是弱势人群。但这两大计划美国政府现在就是背不动，它的债务危机跟这是联系在一起的。为什么背不动呢？在一个完全市场化的医疗服务环境里，某个特定人群由政府来买单，你想想医院会怎么做？大干快上呀。来了穷人来了老人拼命治，治完由政府买单。政府想方设法控制这两个人群，但是根本控制不了，因为控制不了医院。美国1965年建立这个计划，半个世纪了，政府想出各种招儿把费用压住，但是压不住，因为医院总有办法对抗。你控制挂号费，他就通过检查的费用把钱弄过来；你控制总额，他就推诿给你，不给人看病了，说你给钱太少，让病人上街去跟你闹。1983年美国政府被逼得搞单病种，一个病，我就给你这么多钱，你不能再狮子大开口。医生又想出什么招儿？给病种升级。明明是普通肺炎，他说是病毒性肺炎，还有并发症，反正得把钱弄到手。

美国的medicare和medicaid诈骗层出不穷。佛罗里达是美国老人最多的州，medicare病人多，已经形成了一个产业链，出租车司机－老人－医院／诊所。每隔一段时间，出租车司机就拉着老人去医院或诊所，刷一下卡，政府就得买单。然后医院拿大头，给老人10块20块，出租车司机也挣到钱了。

玛雅：在利益驱使下，合伙欺骗政府也成了产业。

李玲：只要有利益驱使，它就变成了一场骗保的“人民战争”。其实美国政府也明白，但是那么多的医院、诊所，怎么管得过来呀？而且管的成本得多高。我觉得，美国经验值得我们特别借鉴的就是，医疗是一个市场完全失灵的领域，政府应该承担责任，不能放任地让逐利的机制兴风作浪，否则老百姓遭殃，政府也遭殃。我通常称它“政府买单的市场化”，这是最可怕的。美国最值得我们吸取的教训就是这个，千万不要走向政府买单的市场化。

玛雅：医疗不能放任于市场，中国的市场化改革给医疗保障体系带来了什么影响？

李玲：市场经济对中国医院的发展起了很大的促进作用，特别是大医院。只要是靠市场机制，资源一定往高端走，因为人们对医疗服务的要求是趋高的。如果病人把医疗服务作为商品来消费，他一定去最好的医院，看最好的医生，用最好的药和耗材，以一万来防万一，那么资源当然就往高精尖走。从这个机制来说，中国医院的发展确实是跨越性的。尤其最近十几年，不要说北京的大医院，就是省级的三甲医院，配置上、技术上都赶英超美。这是市场的功劳，极大地促进了医学科技的发展。但是费用越来越高，老百姓的负担不断加重。

另一方面，它同时掏空了基层。只要是好一点的医生，村里的被镇里拔走了，镇里的被县里拔走了，县里的被省里拔走了……基层现在奇缺合格的医生。而且在市场机制下，现在哪个大学生是往回走的？我到农村调查，一些老人讲，现在县里、乡镇，村里就更别提了，医生的水平不如七十年代，甚至不如五六十年代。那个时候协和医学院的毕业生都有可能分配到县里，分到乡镇，现在根本不可能。这就是市场的力量，它使资源往上走，基层都空了。但是大量的病人是在基层，所以就必然陷入小病拖着，大病扛着，因为真正能从基层走出来看病的人是少数。

回答你的问题，市场经济对我们整个医疗保障体系的影响是非常大的。某种程度上，它提高了城市人的医疗服务水平。但是医院的发展是靠掏病人的腰包，而且过度医疗用药的问题普遍存在，这个代价是巨大的。它带来的结果是民怨沸腾，从八十年代改革开始，老百姓越来越感到看病贵、看病难，很多家庭因病致贫、因病返贫。总结起来，市场机制对每个医院的微观效率是非常好的，但是对整个医疗保障体系的宏观效率，要打一个很大的问号。

玛雅：也就是说，中国前一次医改的不成功是市场化的必然结果。

李玲：其实前次医改并没有一个真正系统化的改革，它就是一个放的过程。政府降低投入了，认为医生捧着金饭碗讨饭吃，就把他们推向市场，让他们自己去挣钱。一开始医生是不愿意的，但是把他推下去以后，他如鱼得水，发现各种钱哗哗的就来了。当时卫生部很多人是反对的，说这样会把这个体系冲垮，毁了这支队伍。不幸被他们言中了，把医院和医生推向市场后，受到最大伤害的就是这支队伍。实事求是说，中国医生队伍中大多数人还是很好的，因为选择从医的人慈悲心怀比一般人要强，他是为人服务嘛。但是在这种市场化的大环境中，它是一种逆向淘汰，老老实实坚守的人是守不住的。

玛雅：风气坏了，把人心也污染了。

李玲：现在这支队伍在老百姓心目中已经失去了应有的形象，这就是为什么今天医患关系这么紧张的根源。

安徽医改的成功“救了”中国医改

玛雅：前次医改失败，才有了新医改，已经搞了三年。你对新医改有何评价?

李玲：这三年的成绩真是了不得。它不仅仅是就医疗而医疗，解决一个看病贵、看病难的问题，我的评价是，它为我们未来的改革开启了一条新路。

这三年从2009年开始，我一直都参与了。老实说，2009年医改方案刚出来的时候，我挺担心的，因为方案可操作性不强，背后还有利益博弈，以及官员们的糊涂认识。当时有财政部的官员说，医疗，让市场解决。我跟他说，如果让市场解决，你第一个下岗。财政部门的钱是老百姓的税钱，是公共财政，如果连医疗这样的问题都让市场去解决，那老百姓给你交税干什么？

但是后来做起来，我发现基层有很多人真干事儿。上面不大好操作的方案下来，基层能创造性地落实，中国发展的真正动力在基层。有些地方做得很好，比如陕西神木县，搞全民医疗。我和神木当时的县委书记聊过，他很有思想。他们是煤炭县，很有钱，他说，政府有钱了，不就是给老百姓谋福利吗？所以他率先实行免费教育、免费医疗，特别受欢迎。但是财政部门有官员质疑他，怎么能免费呢？全民免费是兜不住的。但是神木做到了，人均400元人民币，县委书记和普通农民待遇完全一样。老百姓对此特别满意，发自内心说共产党好，人民政府好，共产党应该永远执政。

玛雅：老百姓心里有杆秤，就是共产党能不能为人民做好事。

李玲：医改做得最好的是安徽省。安徽的常务副省长孙志刚，他真去干，真去改。孙志刚发现医改方案不可操作，就自己设计。他认为，要真正解决老百姓的看病问题，乡镇卫生院一定是不能赚钱的，必须回归公益性，由政府来保证它的运行经费、人员工资。他设计了竞争性的用人制度和激励性的分配制度，首先严格岗位定位，上岗后要完成什么职责，怎么进行考核，实行优劳优得。

他最厉害的一套设计是药品的招标采购，真是中国人的智慧。他说，我是6800万人的市场，我给市场。一个药我只招一家，你中标以后这个市场全是你的，你不需要公关了。这样一下子就把药价给杀下来了。

安徽医改的整体设计是环环相扣的。它是综合医改，用一系列的政策来保证老百姓有了病，去乡镇卫生院能看得起，看得上，而且看得好。安徽医改是一个系统的重新构造，破除了以药养医的旧制度，建立了保障公益性的新制度。从某种程度来说，是安徽医改的成功“救了”中国的医改。所以，对中国的事有时不要太灰心，总有人能够在关键时刻站出来。

玛雅：共产党里不乏真正干事儿的人。

李玲：这就是为什么我们的制度是有希望的。当时的李克强副总理推动医改的功劳很大，他很好地利用了我们制度的优势，动员组织各级干部落实医改。比如他首次开办了各省常务副省长学习班，认真学习医改的相关理论和政策。他亲自与这些省长们座谈，并和他们签订落实医改责任书。他还多次召开医改现场会，从各地的实践中总结经验教训。在这个过程中，他很快就发现了安徽经验，并不断指导和推进，最终将安徽经验上升为全国模式。2010年底，孙志刚被调到北京，担任国家医改办主任，负责推动基层医改。我们的体制就是应该大力提拔这样的人，不能是那些跑官卖官、不干正事的人噌噌往上升。

玛雅：安徽模式在全国推广了？

李玲：是啊。基层医改 2009 年开始，2010 年起色不大。2011–2012 年，安徽模式在全国推广，效果一下子就显现出来了。2012 年我跑了一趟基层，普遍反映好极了，农民现在真的看得起病了。各种渠道——全国人大、政协的人员下去调查，回来都说，基层医改真是了不得，老百姓普遍叫好。农民说，这些年共产党干了两件好事：义务教育和医疗改革。

基层医改是社会领域改革的伟大实践

玛雅：你说，基层医改的成功为未来的改革开启了一条新路。为什么这么说？

李玲：基层医改就像一场静悄悄的革命，彻底从过去那种创收、趋利的机制改为现在的公益性机构。而且还建立了一整套机制，来保证它既是公益性的，还要有效率，给老百姓提供好的服务。陈冯富珍说得没错，我们的医改，它的意义了不得，真的是在基层破了一个旧制度，建了一个新的制度。而且，安徽一个省能够设计出整个医改的路径和方法，这套方法对其他领域的改革也适用，就是要做好一个顶层设计，然后系统地来推动，让相关联的每一个部分都和你的目标相契合。

基层医改是社会领域改革的伟大实践，创造性地探索出一条系统化改革的新路。与此前30年在经济领域“摸石头”、“放权让利”的改革不同，社会领域的改革需要整体设计，统筹兼顾。因此，对新医改，中央有顶层设计：定目标方向和原则方案，然后地方去探索实现的路径。这种自上而下、自下而上、上下联动、允许试错、政府可控的中国式改革，既让中央政府能够把握方向目标，又充分发挥了地方的积极性和创造性，因地制宜地探索改革的方法和路径，是实践—认识—再实践—再认识的典范。这也是中国改革的模式，如果我们遵循这样的模式，就没有解决不了的问题。

基层医改也为下一步中国医改探出了一条路。从现在开始，“十二五”规划期间基层医改的城市版已经在北京、深圳启动。这两个城市开始动真格的了，一定要把趋利的机制给破掉，让医疗回归救死扶伤的本质，让医生回归救死扶伤的本职。

玛雅：安徽机制对北京这样的大城市也适用？

李玲：完全适用。医改一定要建立一个新制度，让医院回归它的本质。这样医生的价值取向就变了，通过为老百姓服务来获得收入，而不是通过药品和耗材。那样不是在治病救人，是在坑人。

我认为，公立医院就是政府的第二支部队。军队是保卫国土安全，医院这支部队是保卫人民健康的安全，同样很重要。任何大灾大难的危急时刻，都是军人和医生冲在前面。有人说，把医生养起来，他就不干活了。那军队为什么养着呢？不是一个道理吗？我们现在这种趋利机制，把医生“逼”得一天到晚狂看病，甚至在制造病。

玛雅： *对于下一步医改，你有什么政策建议？*

李玲： 基层医改是社会领域改革的先行者。短短三年时间，破除一个旧的制度，建立一个新的制度，而且运行得很好，只有中国人的智慧能够实现这一切，只有中国的体制可以做到这一切。一些国外同行在与我交流时，最佩服的就是中国医改的高效率和强大执行力。在国外，即使设计出来了，也不可能操作。从基层医改的经验我们看到，中国医改是大有希望的，因为我们的政治制度决定了，只要想干，我们的执行能力是非常强的，有能力破除不合理的利益格局，真正为老百姓提供保障。

我对下一步医改的政策建议是，加快城市公立医院改革，或者说加快把基层医改的经验推广到城市。从基层医改实践来看，医改不是医疗领域的技术问题，它是一个政治社会问题。医改能不能做好，第一在于政府的执政理念，第二在于执政能力。只要有这两条，医改一定能做好。

玛雅： *也就是说，政府和市场这两个轮子，医改应该由政府来推动？*

李玲： 你看安徽医改，它是政府主导，但是充分利用市场机制。竞争性的用人、激励性的分配、规范性的招标采购，这些都是市场机制。医改是一个政府主导的制度设计，肯定不能让趋利的市场机制放任自流，因为涉及人民的健康，人命关天。这个问题，我比较认同北欧的观点，该市场的就市场，该政府的就政府。经济领域就放手给市场——全球化的竞争性的市场。但是社会建设领域，教育、医疗、养老、基本的住房，这些应该是社会福利，就应该由政府统筹安排，系统改造，让每个老百姓都有颗定心丸。三年基层医改的成绩证明，我们完全可以重建社会主义医疗保障体系，不需要花多少钱，甚至比市场机制更省钱，因为资源配置更合理，更有效率。

玛雅：三年基层医改是一次给执政党加分的实践？

李玲：加太多分了。某种程度上，这三年医改巩固了党在基层的执政基础。政府不是万能的，但是民生领域是政府应尽的责任。我们过去忽悠，“不找市长找市场”，什么都到市场去找，这是因为我们对经济和社会发展的认识有局限性。所有资本主义国家，社会领域基本上都是社会化管理，而不是市场化管理。奥巴马的医改法案能通过，因为全民医保的社会化管理是个大趋势。而我们很多人的理念是，社会领域还是要分，卖医院，卖学校，分到每个人的责任。这个理念一定要改变，医改能不能成功，很大程度上在于理念的共识。政府到底应该干什么？以什么样的路径和方式来实现给老百姓提供民生保障？怎么能把社会主义国家的优势充分发挥出来？而不是把我们的优势丢掉，去学别人的劣势。奥巴马为什么没这么干？他干不了。他要是有我们这么一批公立医院在手上，睡觉都笑醒了。我们有公立医院，却要卖掉，这是本末倒置。所有民生领域的建设和创新都是社会主义国家的最大优势，你把优势丢掉，你的执政基础在哪呢?

中国医改：一个从上到下边学边干的模式

玛雅：前面你提到2006年给中央政治局讲课，你的印象如何?可不可以说，中国最高领导层是一个善于学习的集体?

李玲：中央政治局集体学习的制度是中国式的创新，真的是非常独特的。我当时身在其中，感到一种震撼！中央政治局委员加上各部的正部长，七八十个人在一起学习，这确实是中国特色。虽然我讲的内容不完全是我自己想讲的，但是我觉得，可能这恰恰是个优势。因为每个学者都有自己的观点，完全去谈自己的观点可能是个误导。而组织一个班子来准备讲稿，最后的结果可能会有一个平衡。应该说，最后讲的内容还是经得起检验的，并不是比较偏颇的看法。而且政治局每个月都在一起学习，至少在这个领域，他们花了一个下午的时间，掌握的知识量也比较大，对每个专题所讲的内容有比较深入的了解。

但是可以改进的地方也很多，比如我当时建议，为什么不用多媒体PPT（幻灯）？用PPT的效果要好很多，信息量会大很多，比传统的念稿的方式要生动。另外讨论交流也可以再多一些，鼓励更多的干部利用这个机会建言献策。这样既学习了，又能集思广益，还能考察干部的水平。讲课老师也可以是来自基层的干部和群众，让基层的创新成为学习的鲜活材料。总体感觉，中国这种学习模式非常好。中国改革已经没有现成的理论和模式可以效仿，但只要领导人不断学习，发现问题，针对问题找出答案，积极解决问题，我们的领导力就能与时俱进，不断加强。

玛雅：如果把中国领导人和美国领导人做个对比，你的观察和评价如何？

李玲：国外各方面的人经常来中国访问，我在跟他们的交流中发现，他们基本上都评价，就单打单的水准来说，中国领导人比美国领导人水平高。我想，这是因为我们领导人的学历比较高，还有中国的事情太复杂，他们在实际操作中得到许多经验，人才是用出来的！我们的领导人不断在学习和实践。而美国是一个相对稳定的社会，领导人就管那一点点事，所以惰性比较强，与时俱进的本事不够大。这一点，我比较赞成香港中文大学王绍光教授总结的边学边干的模式。

玛雅：王绍光教授认为，中国模式的一个关键词就是“边学边干”。

李玲：其实中国医改就是边学边干的模式，是在边学边干中取得了今天的成绩。中央对新医改非常重视，政治局先后两次集体学习，第一次是2006年研究医改方案的时候，第二次是在2010年实际推进阶段。从中央领导集体来说，新医改方案从研究制订到贯彻实施，就是一个边学边干的过程。

在落实医改的过程中，安徽通过深入调研，设计出一系列配套政策——基层医疗机构公益性保障制度、竞争性的用人制度、规范化的药品招标采购制度，等等。安徽这种创新精神和制度设计得到中央的肯定，被认真加以总结并在全国推广。现在回头看，这整个过程就是一个从中央到地方学习、实践、总结、推进的过程，是边学边干的模式。所以我认为，与其他同期开展医改的国家相比，中国医改的运行、推进机制与众不同，可谓独具匠心，实际上是一条具有中国特色的社会改革的操作路径。三年医改的成功经验，充分证明了“中国模式”的可行性。这种模式不仅适用于医改，也为今后其他领域的改革提供了有益的启示。

2012年8月作于北京

2014年7月改于北京

自1949年建立新中国，中国共产党作为执政党，就在复杂多变的国际风云中搏击奋进。在共产党的领导下，曾经积贫积弱的中国，在世界民族之林昂然站立起来，不仅解决了挨打和挨饿的问题，而且已经成长为一个具有重要影响力的世界大国。今天，面对国际上“中国威胁论”的喧嚣，中国坚定地发出了做“负责任的大国”，“和平发展”、“和谐世界”的声音。

在中国共产党90诞辰之际，回顾党的历史，不能不回顾新中国的外交史。60多年来中国外交经历了怎样一个演进过程？外交战略如何服务于国家利益？在每一次重大外交决策的背后，有着共产党领导人怎样的时局判断、理论指导和利益考量？在中国经历了60多年的独立自主与和平发展，经历了30多年的改革开放，从“请进来”转而开始“走出去”经略世界的今天，中国外交面临哪些新情况、新问题？

经天纬地大文章：新中国60年外交的战略考量

章百家

中国外交史专家、中共中央党史研究室副主任。

主要著作有《改变自己，影响世界
——二十世纪中国外交基本线索刍议》
《革命、建设、改革：中国共产党三部曲》
《冷战与中国》等。

访谈时间：2011年5月

访谈地点：北京

中国人认定的历史使命和目标

玛雅：一国的外交和战略与其国家利益相联系。比如美国，它的国家利益包括国家安全、持续成长的经济、“普世价值”的传播，以及由美国推进的国际秩序。美国的外交政策始终是围绕它的国家利益展开的。那么在你看来，中国的国家利益是什么？

章百家：与美国这种政治经济制度定型的国家不同，中国自近代被卷入世界体系以来，长时期是一个充满革命性变化的国家，因此它的国家利益似乎不那么稳定。特别是每次政权更迭，都会打断对外关系的连续性。即使是在 1949 年以后，中国的外交与战略也不乏戏剧性的变化。但是从跨越百年的历史进程中，我们可以发现几代中国人为之奋斗的事业以及所追求的目标，这些目标反映的就是中国最基本的利益诉求。

这些民族目标或者中国人认定的历史使命是什么呢？我认为主要有以下四项：一，实现现代化；二，恢复大国地位；三，完成国家统一；四，实行社会变革。这四项目标决定了中国基本的国家利益，构成了支配着中国作为一个民族国家的大战略的要素。中国领导人在考虑国家的政治、经济、外交、军事、社会、文化各方面的问题时，这四项目标的影响几乎无所不在。就对外关系而言，这四项目标也是推动其发展变化最主要的内在动力。

玛雅：关于60年的中国外交史，通常的观察是以领导人的代际来分阶段，比如毛泽东时代外交、邓小平时代外交、江胡时期外交。你作为一名研究者，从中国对外关系的演进来看，是怎么划分阶段的？

章百家：著名外交家乔冠华曾总结说，中国外交是“十年一变”。即50年代“一边倒”，60年代“反两霸”，70年代“一条线”。这当然是大致而言。从那以后，我看可以再加上80年代“全方位”。从这时起，“十年一变”的周期也被打破了，中国外交呈现出前所未有的稳定性和连续性。

玛雅：新中国成立初期的“一边倒”，主要是因为中共与苏共之间的历史渊源？

章百家：有历史原因，更主要的是现实原因。“一边倒”所根据的主要是中共领导人对第二次世界大战后国际形势的判断。二战后期，毛泽东、周恩来最初估计，美苏继续合作将是战后国际形势发展的大趋势。在此条件下，国内可能出现国共合作、和平建国的局面。因此他们主张，中国应与美苏都保持友好关系，成为“美苏之间的桥梁”，缓和它们在亚洲的冲突，从而维护世界和平与合作。然而，战后不久，美苏关系严重恶化，国共也爆发了内战，这使得中共领导人不得不重新判断形势，选择新的战略。

1946年下半年，毛泽东经过深思熟虑，提出了“两个阵营、一个中间地带”的理论。他认为，战后世界将分为以社会主义苏联为首的和平民主阵营和以美国帝国主义为首的反动阵营；在美苏之间隔着一个辽阔的中间地带，由欧、亚、非三洲的殖民地、半殖民地国家构成。美苏之间不会爆发战争，美国极力突出美苏矛盾的目的，是力图控制和侵略包括中国在内的中间地带国家。

这一理论随后成为新中国制定外交方针的指导思想。1949 年在中共七届二中全会上，毛泽东对形势的基本估计是，中国革命所具有的反帝性质和以苏联为首的反帝力量的增长，使我们可以采取和应当采取有步骤地彻底摧毁帝国主义在中国的控制权的方针，而帝国主义绝不可能在短时间内就以平等的态度对待我们。这是他决心采取“一边倒”战略的重要原因。

美国为什么不肯承认新中国

玛雅：我读美国外交史了解到，新中国成立后，美国国务卿艾奇逊在分析中苏关系后推断，中苏尽管意识形态相同，最终必将分道扬镳。美国只有放弃蒋介石，承认中共政权，才能有效利用中苏矛盾，对苏联加以遏制。杜鲁门政府曾一度表示，将不再干涉中国局势的演变，这为中共攻打台湾打开了方便之门。然而，就在此时，朝鲜战争爆发。美国警觉地意识到，斯大林支持的北朝鲜一旦胜利，将导致自由世界和共产世界在亚洲的力量对比倾向于苏联。美国如不采取军事行动，必将助长苏联进一步扩张的野心。美国随即调整了遏制战略，将遏制苏联的目标扩大为遏制包括中国在内的整个共产主义世界。这一政策调整，给中美关系带来了严重后果：美国和中国之间22年的尖锐对峙。

章百家：二战结束前后，由于维护战后和平要靠美国对蒋介石施加压力，中共对与美国的关系非常重视。1944–1946年这段时间，毛泽东、周恩来反复对美国人说：中共希望战后中国成为美国和苏联在亚洲的桥梁，以避免它们发生矛盾和冲突。1946年美军观察组离开延安后，谢伟思曾提出"失去的机会"，认为中共当时非常愿意和美国搞好关系，但是这个机会失掉了。今天来看，我认为这个机会失掉并不奇怪，因为这是一个成功概率非常低的机会。二战结束后美国曾提出，到底在中国怎么办？当时美苏对华政策的一个基本的共同点是，要使中国避免内战。因为中国一旦发生内战，美苏之间的矛盾更不好调和。而且对它们来说，中国不是最重要的地方，最重要的是欧洲。美苏的基本政策是，支持以蒋介石为主统一中国。国民党在联合政府中占大头，但是要容纳其他党派，共产党要有一席之地。后来国共内战爆发，美国的态度，用邹谠先生所写《美国在中国的失败》中的说法，是在政治上无条件地支持蒋介石，但是给予有限的援助。这说明美国对中国的干涉是十分有限的，这同后来干涉朝鲜、越南没法比，因为中国毕竟是个大国。最后，美国政府在1948年8月发表了白皮书，主要目的是推卸责任，说中国的事我们管不了，是他们自己的问题。

新中国成立时美国国内有很多讨论，要不要承认共产党？美国当时采取的是观望政策，“等待尘埃落定”。就是说，当一棵大树倒下时，尘土会扬起来，一时什么都看不清，需要等待。但朝鲜战争爆发后，美国就不再观望了，而是立即采取行动，这就导致了“一边倒”格局的固定化和长期化。如果没有美国第七舰队进驻台湾海峡和中美在朝鲜交战，“一边倒”的局面可能不会持续那么长的时间。美国的行动后果是严重的，它在关键时刻打断了中国统一的进程，使中国失去了解放台湾的有利时机；美军在朝鲜又越过三八线，将战火烧到鸭绿江边，致使中国不得不被迫应战。中美关系由此持久地陷入僵局，中国与其他西方国家的关系也难以取得突破，中国对外经济联系被限制在有限的范围内。在这个过程中，冷战大格局的影响是主要的，中国实行“一边倒”只是一个相对次要的因素。

玛雅：我的印象是，建国初期，中美关系先后有几次可能出现缓和，但都“阴差阳错”地失去了机会。

章百家：朝鲜战争爆发之前，美国的对华政策确实出现了摇摆，但当时美国承认新中国的可能性其实很小。一个基本原因是，美国是一个全球性大国，它的全球性政策必须协调，不可能在欧洲实行反苏反共的遏制政策，而在亚洲却向一个新生的共产党政权示好。这在美国国会是通不过的。所以，如果说那个时候不是一个中美交善的机会，这是最根本的原因。从中国的角度来看，中国革命的任务就是要取得彻底的民族独立，肃清帝国主义在华势力，因此，中共也不会谋求同美国妥协。

朝鲜停战后，中国领导人最初的估计是，国际局势将趋于缓和。为此，中国采取了一系列重大外交行动。周恩来在 1954 年日内瓦会议和 1955 年万隆会议上都明确地向美国作出了缓和的姿态。1956 年 8 月，毛泽东在审阅中共八大政治报告时专门加了一段话："为了和平和建设的利益，我们愿意和世界上一切国家，包括美国在内，建立友好关系。我们相信，这一点总有一天会做到。"八大期间，他又说，我们的门是开着的，等第二个五年计划完成后，我们进入联合国，与美国建立外交关系更好。中美大使级会谈开始后不久，中国政府宣布取消不让美国记者进入中国的禁令，又在大使级会谈中就消除两国的贸易障碍、促进人民往来和开展文化交流提出了一系列建议和草案。然而，中国政府的这些努力，没能得到美国政府的回应。

玛雅：美国对华这种态度，主要是意识形态的原因？

章百家：可以这么说。冷战时期，两大阵营都把对方视为一个敌对的国际势力，那种敌对不同于我们现在也会遇到的两个国家之间的矛盾。具体到中美关系，还有一个关键的问题是台湾，在冷战的大环境下，美国的意图是牢牢控制住台湾，制造"两个中国"。

美国有学者曾经跟我说，1944 年二战快要结束时，美国国会曾经讨论，要不要把台湾交还给中国？当时美国国务院力主把台湾交还给中国，但是后来形势有变。蒋介石在大陆失败后，杜鲁门曾一度犹豫，打算放弃台湾。美国国内一部分人主张放弃，一部分人不主张放弃。这取决于后来形势的发展，假如共产党有能力一年半载把台湾解放了，中美之间的障碍也就消失了。如果共产党因为军事力量不行，短时间内解放不了台湾，等到你海军空军建设起来，蒋介石在台湾已经站住脚了，解放台湾就不容易了。而只要共产党解放不了台湾，那美国就不会甘心。在美国看来，台湾对它整个东南亚的防御作用非常重要。从海洋地质来说，台湾以内，中国大陆沿海基本是浅海，过了台湾就是深海。从军事上说，台湾的价值非常高。所谓台湾是美国“不沉的航空母舰”的说法其实是误传，美国人当时说的是，如果中国得到了台湾，那共产主义世界就得到了向东南亚扩张的一艘不沉的航空母舰。美国认为，中苏已经捆在一起，一时半会儿分不开了，而且很担心共产主义扩张，所以尽管中共作出了缓和姿态，美国仍然拒不承认新中国。

中共八大以后，一系列事件的发生很快改变了中国领导人关于国际形势正趋于缓和的判断。1956年的波匈事件和苏伊士运河事件，促使中共提出要重视“国际阶级斗争”。1957年，由于美国没有意愿同中国缓和关系，毛泽东决定放弃缓和尝试，表示：对西方主要国家，我们“现在主要是和他们斗争”。1958年，毛泽东发动了“大跃进”，提出“超英赶美”的口号，并且通过炮击金门来提高全国人民的士气。他还要求外交工作克服保守思想，导致当时提出了“搞臭南斯拉夫，巩固社会主义；打击美国，搞垮帝国主义；孤立日本，争取民族主义”这种全面出击的口号。至此，中国对外政策的发展方向被锁定了。前一阶段比较稳妥、务实的外交政策被一种充满革命豪情但却脱离现实的政策所取代。由于决定关起门来搞建设，外交也就只需为国际政治斗争服务了。

玛雅：为什么会出现这种偏向？

章百家：我认为有三个原因：第一，对国际形势的判断出现了错误。那时，判断国际形势的思维还有些简单化，就是问国际形势到底是紧张了还是缓和了？其实，在美苏两极世界里，这两极既不能让国际形势太紧张、太危险，也不能让形势太缓和，太缓和了他拢不住自己人。所以，国际形势呈现周期性的波动，一会儿紧张一会儿缓和，但美苏矛盾始终是最基本的。第二，中苏之间出现了矛盾。中苏两国在国际体系中的地位不同，发展阶段和需求也不同。中国是个刚刚完成革命的国家，革命的劲头还没过，统一任务也没完成，因为台湾问题和美国针锋相对。而苏联已经开始把主要精力投入到自己的发展上去，不太愿意支援世界革命了，想同美国搞缓和。所以，中共对国际形势的看法与苏联很不一样。那时亚非拉革命还很旺盛，中国是亚非拉的一员，必然要支持亚非拉革命。第三，中共那时对如何处理内政与外交的关系还缺乏足够的经验，而外部环境又很动荡。新中国成立后不久，一些主管外交工作的领导人，如张闻天，就提出，外交工作主要应该为国内建设创造良好的外部环境，对外援助要量力而行。但当时这种认识难以形成共识。这一方面是因为美国不愿意解除对中国的封锁，另一方面中国的一些邻国仍处在争取独立统一的斗争之中，中国作为一个新兴独立国家很难袖手旁观，特别是对周边国家共产党的斗争必须给予支持。当时的外部环境对中国道路的选择影响非常大。

“一边倒”的历史原因和现实原因

玛雅：1958 年对中国的内政和外交而言，都是一个转折之年。

章百家：1958 年是很关键的一年。上述这些因素使得中国开始向左转，随后中美矛盾变得越来越尖锐，中国和苏联的关系也开始变坏，造成中国的国家安全问题越来越突出。

现在回过头来看那时的政策是不是错了？我不赞成对建国前期的这段历史简单地用对或错来衡量。一个重大决策往往有得有失，中国敢于同美苏两个大国对抗的结果是什么？是中国的基本原则国际社会最终能够接受了。比如“一个中国”的原则，所有国家跟中国建交都必须承认一个中国。另外和苏联分道扬镳，使中共摆脱了与苏共的特殊关系，中国由此真正成为国际上一个独立的政治力量。

玛雅：说到中苏分道扬镳，这两个社会主义盟友从亲密无间到尖锐对立，经历了怎样一个转变过程？

章百家：中国和苏联的关系比较复杂。由于中共和共产国际的关系，使得苏共在中共内部有很大的影响力；长期以来中共和苏共的特殊关系，又使得这两个国家的关系很不正常。从建党直至建国初期，我们党内讨论什么事儿都要告诉苏联，苏共党内出了什么大事也都告诉中国。但是从上层的角度来说，中共和苏共的关系是非常微妙的，毛泽东并不真心愿意和苏联保持那么密切的关系。抗战时期，苏联认为中共力量太弱，所以从它的国家利益出发，更为重视国民党，把主要援助给了国民党。跟国民党比，苏联给共产党的援助数量是非常小的，虽然对中共来说不是小数。我做过这方面的研究，苏联抗战时期对国民党的援助就绝对数字和效用而言，都是超过美国的，美国的援助主要是在内战时期。

苏联对中共的支持一方面是道义上的，另一方面是苏共对各国共产党的干涉。这种干涉引起中共的不满和抵触，毛泽东很担心苏联在中共党内的影响。中苏之间存在矛盾，这个事实是中苏分裂后，毛泽东、周恩来谈到的。毛泽东就曾担心，苏联要在中国搞政变。党内好多事与这个有关联，比如庐山会议。从这个角度来说，中苏分裂，使苏联成了一个外部国家，在中国国内再也不具有原来那种影响力。你看李鹏回忆录，1980年代中苏实现关系正常化时，苏联非常希望恢复原来那种盟友式的关系，但是中国领导人对这一点抱着极度的警惕。这和中国的民族心理有重要关系。

玛雅：我记得一件事，根据1949年达成的《中苏友好条约》，苏联必须在规定时间内交回中长铁路和旅大特区的控制权，同时交回旅顺口军港。但是到了1958年，苏联又提出在中国建立长波电台和中苏建立联合舰队的问题，遭到毛泽东的坚决反对。毛泽东的回答是：你把中国拿去，我上井冈山！毛泽东的强硬立场使苏联当局做出了让步。

章百家：斯大林去世后，赫鲁晓夫向中国做了很多让步，50年代中期是中苏关系发展最好的时候。在我看来，赫鲁晓夫是苏联领导人中唯一一个把自己的命运押在中苏关系上的人。“一五”计划期间大规模地给中国援助，把旅顺以及好多合资工厂都交还给中国，苏联在斯大林出兵打日本时从中国拿到的权益，他也放弃了。苏联在二战中损失巨大，到50年代时经济状况并不好，但他在这个时期向中国提供的援助在世界工业史上都是比较罕见的。从现在公布的档案看，苏共党内对此是有争论的，很多人都不同意，但是赫鲁晓夫做了，所以那个时期中苏关系是非常好的。

玛雅：这样说来，“一边倒”格局的形成，不仅是新中国根据形势所做的政策选择的结果，也是外部世界，尤其是美苏，对中国革命所作反应的结果？

章百家：是的，这种格局的形成是一种互动的结果。不过，我想补充说明，作为具有全局意义的大战略，“一边倒”的提出有着复杂而深刻的历史原因和现实原因。中共建政前后，一个十分关键的问题是，选择什么样的对外战略才能有利于新生政权的建立和巩固？在这方面，民国初年中国外交所遭受的两个重大挫折，给了中共领导人深刻的历史镜鉴。

辛亥革命后，孙中山的南京临时政府在对外政策方面有两个目标：一是争取世界各主要国家对中华民国的承认；二是使各国逐步免除强加给中国的不平等条约。这两个努力都遭到了失败。孙中山于1912年2月清帝宣布退位后的第二天，辞去了大总统职位，让位于被列强看中的袁世凯；中国在收回国家权利、废除不平等条约方面遭受的挫折更为惨重，最突出的事件是1919年在巴黎和会上的失败。

这些失败给中国对外关系带来两个结果：一是经过十月革命建立的苏联日益成为对中国具有重要影响力的国家，二是废除不平等条约的要求逐步演化成一场声势浩大的反帝革命运动。中国革命者把自己的期望转向苏俄是毫不奇怪的。1919年，正当中国人为在巴黎和会上遭到的屈辱义愤填膺而又感到孤立无援之时，列宁领导的苏维埃俄国表示，愿意放弃沙皇政府同中国签订的一切不平等条约。尽管这些允诺后来并没有兑现，但强烈的对比使中国人相信，苏俄是中国人民争取民族独立和解放的挚友。

玛雅：对于一个苦难深重的民族来说，这样的历史记忆是刻骨铭心的。

章百家：新中国成立之时采取“一边倒”方针，一方面，强烈地反映出中共要以快刀斩乱麻的方式告别百年屈辱历史的决心。中共领导人认为，新中国要建立起新型的对外关系，就必须迅速割断同旧中国屈辱外交的联系，肃清帝国主义在华势力，洗刷半殖民地政治地位留下的烙印。可以说，中国革命的本质决定了，新中国和西方大国之间的冲突是难以避免的。

另一方面，中共在外交上面临三个急需解决的问题。首先是得到国际社会对新中国的承认。毛泽东当时说，如果新中国成立三天没人承认，就会有问题。同时，要保障新生国家的安全，还要为恢复经济，争取到必要的外国援助。在美国仍在顽固地支持国民党，不可能转而承认新中国的情况下，解决这三个问题，只能争取苏联的帮助。因此，把同苏联的关系置于首位，主动站在苏联一边，就成为最有利也最可能获得成功的政策选项。

然而，如果把“一边倒”仅仅理解为“倒向苏联”，那就过于狭窄了。毛泽东说的是，新中国将“倒向社会主义”。在他看来，“一边倒”不是单纯的外交方针，而是一项总揽全局的大政方针。“一边倒”所要回答的关键问题是，新中国在共产党的领导下将走什么样的道路。毛泽东强调，在共产党的领导下中国必须走社会主义道路。

玛雅：如何评价这一战略的利弊得失？

章百家：总的来说是成功的。在“一边倒”的格局下，中国所寻求的主要外交目标基本上都实现了。新中国不仅很快同苏联和其他社会主义国家建交，还先后和十几个民族独立国家和资本主义国家建交。1950年初，中国与苏联签订了《中苏友好同盟互助条约》，解决了国家安全和外来经济援助问题。取消帝国主义在华特权和肃清其残余势力的任务也很快完成了。中国取得了抗美援朝战争的胜利；随后又参加了日内瓦会议，以大国的姿态登上国际舞台。在新中国建立后的第一阶段，中国在实现社会变革、推进国家统一、加快工业化建设、建立新型外交关系并重返国际舞台四个方面都取得了重要进展。而且在“一边倒”的情况下，中国仍然强调并坚持独立自主这一更高的原则，这决定着后来中国外交的走向。

但是，就长期发展而论，“一边倒”并不符合中国的长远利益。它造成了外交战略上的不平衡，不利于中国同世界各国的普遍交往。新中国对外经济的主要对象是苏联和东欧各国，是发达国家中不太发达的和实行计划经济体制的那一部分。这种影响随着时间的推移越来越深刻地体现出来。

“反两霸”立场的两面效应

玛雅：进入1960年代，随着中苏矛盾不断激化，中国外交从“一边倒”进入“反两霸”时期，这也是一种因应时局变化的战略选择？

章百家：与“一边倒”不同，“反两霸”并不是在经过对形势冷静清晰的分析判断后作出的战略选择，而是在中美关系僵持、中苏关系不断恶化的过程中形成的，多少有些即兴之作的成分。

玛雅：为什么这么说？

章百家：出现“反两霸”的一个重要原因是认为苏联变修了，这样只反帝就不够了，要反帝还必须反修。1966年8月，中共八届十一中全会提出：“当前正处在世界革命的一个新时代”，世界形势的总趋势是“帝国主义走向全面崩溃，社会主义走向全世界胜利”。10月，中国报刊公开呼吁：“全世界马克思列宁主义者团结起来，打倒帝国主义，打倒现代修正主义，打倒各国反动派，一个没有帝国主义、没有资本主义、没有剥削制度的世界，一定要建立起来。”这种对形势的分析以及据此提出的任务，今天看来几近荒诞。

这个时期，中国对国际形势的判断出现了重大偏差，主要是高估了美苏合作的可能性，低估了美苏之间的矛盾；高估了战争和革命的可能性，低估了世界和平发展的可能性。这种偏差导致中国的对外政策日趋激进，试图在推进世界革命的进程中发挥主要作用，以一种现存国际秩序挑战者的姿态出现在世界舞台上。结果，作为中国外交政策基础的和平共处五项原则被削弱了，“革命不能输出”的信条不再被认真遵循；对外援助也不再量力而行，国家在对外交往中的许多实际利益被弃之不顾；中国领导人一贯重视的国际统一战线也由于提出“打倒帝、修、反”的口号而不再具有力量。

从推进四项历史使命的角度来看，这个时期的外交战略在很大程度上背离了中国的基本需要。由于脱离了世界的发展，中国的现代化建设发展缓慢，国家安全形势严峻，推进统一也未能取得进展。在“以阶级斗争为纲”和“不断革命”思想的指导下，中国在社会变革方面无疑走了一条弯路。

然而，无论如何，中国领导人在这一时期为坚持独立自主、维护国家主权和领土完整所做的斗争还是必须加以肯定的。正是因为中国敢于同时与美苏两个大国对抗，才得以在冷战的大环境下逐步成为世界舞台上一支完全独立的力量。

玛雅：从积极的方面看，可不可以说，这种独立自主、不畏强权的国际形象和地位，为后来的外交和战略调整奠定了基础？

章百家：的确。70年代初期的外交和战略调整，是中国第一次作为一支主要的国际力量积极参与其中，而不是被动地卷入其中。调整的目的是为了解决紧迫的国家安全问题。经过50年代后期以来十余年的发展，中、美、苏三方的关系发生了变化，苏联取代美国，成为对中国最大的和直接的威胁。1969年的中苏边界冲突促使毛泽东、周恩来不得不重新思考外交和战略问题。按照他们的布置，陈毅、叶剑英、徐向前、聂荣臻四位元帅建议：利用美苏矛盾，缓解中美矛盾，力图打开中美关系的大门，在寻求共同安全利益的基础上，联合美国，抗御苏联霸权主义。

是毛泽东开启了
中国与世界接轨进程

玛雅：美国人说，是尼克松打开了中国的大门，很多中国人大概也这么认为。事实上，打破中美关系僵局，中国并不是被动的。这是一个双向选择，双方都有各自的战略考量和利益考量。

章百家：1973年，毛泽东提出联美抗苏的“一条线”战略；次年，又提出“三个世界”的思想。这是毛泽东生前提出的最后一个大战略。这一外交政策的转变具有广泛而深远的意义，中国外交活动的范围从此扩展到整个国际舞台，而在此前基本被局限于半个舞台上。这一转变也具有深刻的国内政治意义，它与当时“左”的意识形态严重背离，是此后一系列国内政策转变的先导。更重要的是，当中美关系正常化的进程启动之时，中国融入现代世界体系的进程也同时启动了。

玛雅：在一般人的概念里，改革开放开启了中国与世界接轨的进程。按你的分析，毛泽东实现了中美关系正常化，从而开启了中国迈入现代世界体系的进程？

章百家：我是这么认为的，道理很简单。早在建国初期，毛泽东就希望和西方经贸往来。1950年代公私合营的时候，党的领导人曾设想，那些有外贸能力的私营企业，特别是能跟西方国家做买卖的，都先不改制，而是利用它们的关系继续和外国人做生意。但后来因为西方对新中国实行封锁和禁运，买卖就做不成了。而苏联、东欧各国只同国营企业做生意，而且实行计划经济，这对新中国的路径选择影响非常大。1954年日内瓦会议后，毛泽东提出向美国学习，向西方国家派留学生，掌握先进技术，可那时难以实行。首先是美国不愿意。后来，一些西方国家的政策有所松动，但中国由于国内政治的原因，也没有把握住机会。当然，那个机会也不是很大。

70年代的外交和战略调整，为后来的开放政策创造了前提条件。如果没有这样一个承上启下的转折，很难设想“文革”结束后，中国能迅速而顺利地实行改革开放并广泛参与国际事务。邓小平私下说过一句话，对外开放就是对美国开放，对美国不开放对谁开放都没用。假如不是毛泽东把中美关系这个扣给解开了，由后来的领导人来解这个扣要困难得多，中国要实行改革开放也就没那么容易。

玛雅：这也解释了，为什么邓小平复出伊始，就积极推进中美关系，与卡特政府正式建交。

章百家：邓小平1978年主持外交工作后，仍然坚持了毛泽东的“一条线”战略。他做出了两个决断：一是签订中日和平友好条约，二是实现中美建交。这些为即将实行的改革开放创造了一个有利的外部环境。在坚持“一条线”时，邓小平的考虑与毛泽东有所不同，他是借此实现向美国和西方国家开放，推动中国的经济发展，而不仅仅是为了保障国家安全。

1979年中美建交后，美国国会通过了《与台湾关系法》。从1980年起，中国就开始考虑放弃“一条线”战略。1982年8月，邓小平在会见联合国秘书长德奎利亚尔时强调，反对霸权主义，维护世界和平，中国属于第三世界，加强同第三世界国家的合作是中国对外政策的主要内容。这意味着中国明确放弃了“一条线”战略，开始致力于建立均衡的对外关系，主要是同美国拉开一定距离，并逐步改善与苏联的关系。

“全方位”外交的建立与发展

玛雅：有人说，毛泽东时代外交是革命外交，中国反对两霸，支持第三世界人民革命；邓小平时代外交是利益外交，以大国关系为重，美国尤其是重中之重，与第三世界国家关系疏远了。看来这个说法有失偏颇，邓小平时代中国已经放弃了“一条线”战略，开始了“全方位”外交。

章百家：1980年代中期，邓小平认识到，世界大战可以避免，并提出当代世界的主要问题是“和平与发展”的论断。这一论断为改革开放和建立全方位对外关系提供了有力支撑。早在1955年的万隆会议上，周恩来就把新中国的外交政策概括为“独立自主的和平外交政策”；改革开放以后，中国反复重申并坚定地奉行了这一政策。

邓小平还认识到，现存世界是多样化的。多样化世界的各个组成部分有矛盾斗争的一面，也有互相依赖的一面。国家之间特别是大国之间，在处理一系列国际问题时存在着共同利益，需要进行合作，也可以进行合作。在与世界各国的交往中，中国要根据世界的发展趋势和自身的利益要求来处理与不同类型国家的关系，不再以意识形态划线，也不再重复划分敌、我、友，团结一部分国家打击某个或某些国家的策略。

在这些新观念的指导下，我们看到，中国在世纪之交建立起全方位的对外关系格局，在对外关系的各主要方面实现了前所未有的均衡。

玛雅：前面你谈到，从80年代开始逐步转为“全方位”后，中国外交“十年一变”的周期被打破了，呈现出前所未有的稳定性和连续性。这是因为改革开放后中国的外交政策与改革开放战略是一致的？

章百家：是这样。改革开放后，外交工作服务于改革开放和经济建设大局，发展和形成了与之相配合的外交思想和政策。

在评论改革开放前30年的中国外交时，一般都会提到“十年一变”。按照这个说法，上世纪80年代末90年代初，正是一个可能出现转变的时候，而且恰在此时，中国发生了一场政治风波。随后，国际上又发生了苏东剧变、海湾战争等一系列重大事件。1989年发生政治风波后，美国等西方国家对中国实施制裁，总的国际形势也随着苏联解体、两极世界终结而发生了近半个世纪以来最重大的变化。然而，在这样的剧烈变局之下，中国的外交政策却没有出现大的波动，保持了前所未有的稳定和连续。“十年一变”的“规律”这次失灵了。

玛雅：我们理解国际关系和国家外交，通常分析国际、国家和领袖个人三个层次的原因。中国在80年代末90年代初那种复杂变化的国内外局势下，能够处变不惊，对外政策保持了前所未有的稳定，领导人发挥了什么样的作用？

章百家：领导人的作用是决定性的。当时面对复杂形势，邓小平提出了“冷静观察、稳住阵脚、沉着应付”的对外关系指导方针，并说“要冷静、冷静、再冷静，埋头实干，做好一件事，我们自己的事”。他坚持把意识形态斗争和国家关系分开，作出了十分明智的选择，这使得中国避免了重新回到以意识形态斗争的需要来处理国家关系的老路上去。

江泽民上任后，坚持了邓小平“和平与发展”的论断和基本外交政策原则。1991 年夏天，在对国际格局的重大变化经过一段时间的观察思考后，江泽民等中国领导人提出：两极格局已经终结，世界正朝着多极化的方向发展；和平与发展的主题没有改变，在相当长的时期内，中国争取一个良好的国际和平环境和周边环境是可以实现的。外交工作的基本任务和根本目标是为我国改革开放和经济建设服务，争取一个有利的和平的国际环境，中国的基本外交政策原则不变。这种认识使得中国外交朝着更加务实的方向发展。

在正确的指导方针下，中国在外交方面采取了得当的应变措施。在 1989 年以后的几年里，中国大力开展睦邻外交，实现了同亚洲国家的全面建交，并发展了同第三世界国家的关系；利用矛盾，很快打破了西方国家的制裁，恢复和稳定了同西方发达国家的关系；提出了要以和平共处五项原则为基础，建立国际政治经济新秩序的主张；在西藏、台湾、香港、澳门等问题上，有针对性地同有损中国主权的行为进行斗争；强调自主选择发展道路，根据国情决定改革和开放的步骤、领域和速度。总的来看，那几年外交工作的进展比中国领导人预期的还要好些。由那场政治风波引发的国内和外交问题到 1992 年基本解决，此后，中国再次加快了改革开放的步伐。

玛雅：1992 年邓小平南方谈话后，中国进一步推动改革开放，社会主义市场经济突飞猛进发展。与之相应，这一时期的外交事业取得了怎样的发展？

章百家：从 1992 年至世纪之交，与改革开放相配合的外交政策进一步发展并结出累累硕果。在这个阶段，国际、国内两方面因素都对中国外交的发展产生了重要影响。来自国际上的两个主要因素是冷战结束后国际政治格局的调整和经济全球化的加速，来自国内的两个主要因素是建立社会主义市场经济体制和香港、澳门回归。与此同时，大陆与台湾的关系也发生了重大变化，两岸人员往来频繁，经济联系日益密切。至世纪之交，中国基本构筑起全方位、多层次的对外关系格局，既考虑到同大国和发达国家的关系，也考虑到同周边国家和广大发展中国家的关系；既重视发展双边关系，也重视多边外交活动。

从推进四项历史使命的角度看，这个阶段取得的进步是无与伦比的。中国的现代化进入了起飞阶段，在政治、军事、经济等方面已基本具备了一个大国所应有的实力，国家统一取得重大进展，中国社会也出现了前所未有的变化。

新世纪之初，胡锦涛等中国领导人更准确地提出和平、发展、合作是国际形势的主流，积极倡导和推动“和谐世界”的建设。中国外交工作的思路更为明确、清晰，从历史经验和现实需要出发，提出了“大国是关键、周边是首要、发展中国家是基础、多边是重要舞台”的总体布局。中国外交也更加透明、更加务实、更加主动，中国作为一个负责任的大国，在国际政治、经济等各方面事务中发挥着越来越大的作用。

中国外交战略的回顾与展望

玛雅：回顾60多年中国外交的发展，有哪些经验教训值得今天借鉴？

章百家：从60多年的历史中，可以总结出两条基本经验：

第一，成功的大战略必须兼顾四项历史使命或目标，即现代化、大国地位、国家统一和社会变革；而在确定阶段性战略目标时，又必须对自身的定位和能力有清醒的认识。一旦忽视了四项使命的平衡，在某个方面提出不切实际的目标，将使中国的发展遭受曲折。外交是大战略的重要组成部分，必须配合大战略的实施；但外交本身并不能承担起如此重任，而只是实现目标的手段之一。中国的经验表明，最重要的是把国内的事情做好。即便与外交关系最直接的大国地位，它的确立也要以现代化的实现、国家统一的完成和中国社会的进步与和谐为基础。

第二，对国际形势的清晰、准确的判断是制定大战略的关键。国际形势是时时变化的，但在这种变化中，哪些是量变，质变何时出现，必须判断清楚。中国的经验表明，作为大国，一旦把握住国际形势发展的大趋势，就能够制定出成功的大战略。而中国的主要教训是，一旦将形势中的量变视为质变，急于做出反应，频频进行政策调整，就会付出沉重的代价。另一个主要教训是，低估或高估外部威胁都会付出代价，而由于历史重负，中国倾向于高估外来威胁，并为此付出过极其沉重的代价。

玛雅：中国经历了60多年独立自主与和平发展，已经成长为具有重要世界影响力的大国。中国今天从30年改革开放的“请进来”转而开始“走出去”，通过分享全球资源来创造财富，经略世界。在这个时候，中国的外部环境如何？中国外交面临哪些新情况？

章百家：我认为，有以下三个新情况最值得注意：

第一，冷战结束后出现的一超多强的局面虽然没有发生根本变化，但世界发展的不确定性增加了。从80年代末起，引起国际格局变动的不是世界大战，而是非战争重大事件——苏联解体、“9 · 11”恐怖袭击事件、2008年全球金融危机，以及目前正在发生的“中东革命”。这些事件发生前几乎都没有被预见到，产生的影响在短期内也难以估量，今后也难保不再发生类似突发性重大事件。这个挑战对人类社会的发展会变得非常突出。

第二，国际形势不再是“外部环境”，我们在研判国际形势的发展时，必须加入中国自身的因素。对外国人来说，中国的崛起已经是不争的事实，中国的一举一动都引人关注。中国已成为当今世界形势中最重要的变量，至少是最重要的变量之一。

第三，中国改革开放进入了关键时期，国际格局仍在变动之中，这样一种内外变动的重叠使中国处于一个敏感期，中国将长期处在一个不安全的发展瓶颈之中。一方面，随着改革的深入，中国面临着不少前所未遇的新问题，内部压力增大；另一方面，随着中国综合国力的增长，其他国家正在重新审视中国，外部压力也必然增大。这就增加了中国处理战略问题和外交问题的复杂性。

玛雅：面对这些新情况，在探讨我国大战略和现阶段发展目标时，有哪些问题值得特别关注？

章百家：有三个问题应该着重注意：

第一，改革开放仍是中国必须坚持的大战略。无论外部世界怎样，中国最重要的目标在国内，即在2020年建成以实现公平、公正与和谐为特征的全面的小康社会。中国的战略与外交调整，必须配合这一目标的实现而展开。现今中国的改革开放与上个世纪已经有所不同，改革所针对的主要是由市场经济发展所带来的新问题，比如资源问题和社会稳定的问题。改革的难度加大了，并且是在高度开放的条件下进行的，一些以前可以绕开的问题现在绕不开了，但是一下子又很难解决。这些情况使得坚持改革开放、与时俱进地调整战略与外交必须结合四项使命，找准重点，并注意各方面的平衡。

第二，中国长期以来属于第三世界或发展中国家的定位，目前已难于维持，需要考虑新的定位。从经济总量来看，中国名列世界第二位，但按人均计算，中国仍属发展中国家。我们常说，中国是"发展中大国"，这其实是一种双重身份。由于这种双重身份，一方面，我们必不可免地要承担更大的国际义务，但必须量力而行；另一方面，我们要强调自己发展所需的利益，而这种利益又要得到其他国家的承认。这将是一个长期磨合的过程。

中国现在一个最大的问题是长得太快了，人家质疑你越长越大、越长越快，到底想干什么？另一方面，人家说你是世界老二了，可你不知道怎么当这个老二。在处理很多国际问题上，我们的经验和手段还不如俄罗斯。俄罗斯现在虽然实力不行，但是对国际上这一套比我们熟练得多。这个情况就像美国当年成为世界老大了，但是在外交上远不如英国人成熟。这让我想起一个故事，印第安酋长从部落坐飞机到纽约，好多人围着他问这个那个，酋长说：我的肉体走得太快了，我的灵魂还没来，所以我现在还不能回答你们的问题。

中国成了一个大国，大国利益带有世界性。中国公民大量出国后，必须有一套相应的机制，在这方面我们还缺乏经验。这是毛泽东、周恩来时代没有的情况，上世纪五六十年代，代表中国形象的就是周恩来。现在中国的形象已不是某个典型人物就能代表的了，不仅是领导人、外交官，可能更主要的是中国的企业家、留学生、游客等等，所有这些人都是中国形象的代表。这个时候，怎么来塑造我们的国家形象？这是特别值得思考的一个问题。

第三，合理设置我国的外部目标，当务之急是巩固已经取得的大国地位。中国现在无疑已是一个世界大国，但同时也是一个存在不少软肋的大国——经济体制的完善还有很长的路要走，人民的生活水平有待大幅提高，国家统一尚未完成，政治文化方面的软实力也需要进一步发展。在实行真正的不结盟政策时，提出过高的外部目标极易引起外部世界的连锁反应。我的看法，处在这个阶段一定会比较难，但这是不可避免的。因为从以往的历史经验看，还没有一个大国能够和平崛起，这对任何人来说都是新的经验。中国和平崛起的可能性不是没有，但是面临的挑战非常多，有的挑战还不是我们现在所能预料的。在这个时候，中国应该低调，不能张扬，同时要表明，我强大以后有些合理的利益必须得到尊重。比如海上利益，现在对中国已经很重要了，我们并不想打破以前的规则，但是我们必须参与其中。总之，要本着有理有利有节的原则，积极妥善应对，度过这个阶段。中国早已庄严宣示“永不称霸”，走“和平发展”之路，中国所希冀的大国地位也必然应该是新式的，以本国的繁荣、人民的安康、世界的和平与和谐为目标。

2011 年 6 月作于北京

2014 年 7 月改于北京

一个政党能不能讲运气？如果能讲运气的话，中国共产党有毛泽东、朱德、周恩来这样领袖集团的结合，是中共天大的好运。毛泽东对党的路线方针政策的把握，朱德坚决的斗争精神和必胜的革命信念，周恩来大量的组织协调，使这个党臻于完善。

先有伟人，后有伟业。先有真人，后有真理。假人不追求真理，真人才追求真理。什么叫真人？说真话，办真事，信真理。中国共产党有一批义无反顾的真人。

怀抱理想主义去干事业，多数时候会头破血流，如果能成功，必定是伟大的事业。今天的人可以在账房里把各种利害得失算计得清清楚楚，但唯独算计不出伟大来，因为任何伟大都包含着梦想。

中国梦：从民族救亡到民族复兴

金一南

解放军少将，

国防大学战略研究所所长、教授。

主要著作有《苦难辉煌》《浴血荣光》《心胜》等。

访谈时间：2013 年 6 月

访谈地点：北京

中国发展是奇迹，中国革命也是奇迹

玛雅：《苦难辉煌》历时13年倾心著成，你对党史军史感受深切。你认为，中国的现代化发展是个奇迹，中国革命也是一个奇迹。请谈谈你的理解。

金一南：我先讲个小插曲。国防大学最近几年办的国际交流班，西方军官来得很多，美国、英国、法国、日本、澳大利亚的都有。有一次到上海参观，他们要求，能不能他们想看什么就看什么。我带的那个组两个人，一个德国军官，一个法国军官。我问他们，你们想看什么？德国军官汉斯说，他想看孙中山故居。当时我吃了一惊，因为发展中国家的军官到上海，喜欢看浦东、陆家嘴、淮海路、南京路这些繁华的地方，而眼前这个德国军官要看孙中山故居。我问他为什么？他说，据我所知孙中山在中国革命中最早引进的德国顾问，我们德国人对中国革命是有贡献的。我明白了，原来他想看孙中山故居有寻根的意思。

法国军官路易的建议更让我意外，他提出看中共一大会址。今天很多中共党员到上海都想不到去看中共一大会址，这位法国军官第一次来中国，第一次来上海，他要看中共一大会址。他说的话更让我吃惊。他说，你不要忘记，中国共产党是在法租界成立的。当时你们共产党处境很危险，到处抓你们，租界很安全。你们今天搞成这么大局面，不要忘记我们法国人的贡献。

他的话给我印象非常深刻，但是我对党史很熟悉。我跟他说，路易，你别说得太早，我们先去看，看了你就知道了，你还得向我道歉呢。他说，怎么我向你道歉呢？你应该感谢我呀。他到一大会址一看，果然是这样。一大开到中后期，突然有几个陌生人推门进来，说是走错了，关上门就走了。当时参加一大的13个中共代表都是青年学生，没有地下斗争经验，人家说走错了，走错就走错了呗，没觉得不对头。中共一大有两位共产国际的人士参加，荷兰共产党的马林和苏联布尔什维克的尼科尔斯基。马林有丰富的地下斗争经验，他说，情况不好，立即转移。当时大家都不愿意走，但马林是共产国际派来的人，中共必须服从共产国际领导，就只好转移了。转移时间不长，法国巡捕冲进房子抓人，已经人去屋空。我对路易说，路易，你好好看看，新生的共产党差点被你们一网打尽。我还感谢你？！路易说，哎呀，我还得向你道歉呢！

玛雅：一名德国军官和一名法国军官来中国寻根，你觉得这是为什么？

金一南：我觉得，我们有点当局者迷，闷头发展，他们旁观者清。他们从外面看我们发展，觉得中共今天搞成这么大的局面，他们来寻根——今天你是个“绩优股”，当初你最困难的时候，我可是注入了资金的，有我的股份，我今天应该有相应的收益和回报。从这个角度也可以看出他们对中国崛起的反应，中国今天取得的成就是举世瞩目的。

2004 年中国经济总量超过意大利，成为世界第六大经济体；2005 年连续超过英国、法国，成为世界第四大经济体；2008 年超过德国，成为世界第三大经济体；2010 年超过日本，成为世界第二大经济体。我们这种发展速度，不但别人没想到，我们自己都没想到。美国国家情报委员会曾经估计，中国经济总量 2017 年超过日本；我们自己原来估计 2025 年中国经济总量与日本齐平，结果 2010 年就做到了。

新中国成立初期人均收入 50 美元，2012 年突破人均 6000 美元。根据"十二五"规划，2015 年人均突破 7000 美元。小平当年提出翻两番，人均 700—800 美元，就算小康了。这些年国内学者做了很多分析测算，人均 700—1500 美元，社会容易动荡。我们破了 1500 美元，又说人均 2500—3000 美元、3000—4000 美元是动荡期，过了就好了。我们现在人均 6000 美元了，依然在高速发展，依然在"动荡"。就像北大教授林毅夫所讲，今天不管中国还是外国，没有一个经济学者能够破解中国发展之谜。虽然很多搞经济的人说，掌握中国经济发展脉络，掌握中国经济发展规律，可中国为什么能如此快速发展，谁都说不清楚。所以林毅夫引用诺奖获得者弗里德曼的话说，谁能破解中国经济发展之谜，谁就具有获得诺贝尔经济学奖的资格。

玛雅：林毅夫在国内经济学界是最看好未来时期中国经济发展的，认为每年 8% 的增长潜力可维持 20 年。

金一南：从林毅夫本人来看，我觉得他做了个正确的选择。1979 年林毅夫渡海回大陆的时候，是对岸金门台军的连长，台湾至今都没放弃对他的通缉令。林毅夫现在已经世界银行副行长任满，回到北大继续当教授。他当年如果不从金门游泳过来，今天也许只是台湾著名经济学者，不可能成为世界银行副行长，也不可能有这么好的机会研究全世界最令人着迷的中国大陆经济。

同中国革命一样，中国的建设和发展使多少人获得了名誉，使多少人丢掉了名誉。中国之谜从革命到建设，均是如此。看好我们的人寥寥无几，当年看好中国共产党的有谁呀？今天看好中国共产党、看好中国道路、看好中国特色社会主义的又有谁？说我们好的有几个，都说我们要出问题，要出大问题。

马克思主义改变了中国，中国改变了马克思主义

玛雅：苏东解体后，西方很多人认为，下一个就是中国，结果他们失望了。但是有些人心有不甘，一直在说“中国崩溃”。美国有人预测 2008 年中国崩溃，结果 2008 年中国没崩溃，美国金融“崩溃”了。这两年中国经济增长放缓，国际上新一轮“中国崩溃论”又开始了。

金一南：那些人一直在说。我们的整个发展历史都充斥着别人的怀疑、质疑甚至诋毁。中国特色的社会主义就是在这样的“骂声”中发展进步的。

2001 年我在英国皇家军事科学院（RMCS）学习，有件事令我印象至深。那是中国军官第一次进入 RMCS，全班 30 名学员来自 26 个国家和地区，社会主义国家的只有我一个。学习内容为民主政体中的防务管理，要求每个学员在学习期间做一次发言，介绍自己国家的社会制度、意识形态、宪法和国防，并加以解释。每个人发言的先后顺序通过抽签决定。当抽出第一个星期发言的两个人时，全班学员哄堂大笑。

玛雅：为什么哄堂大笑？

金一南：因为抽到的两个人，第一名爱沙尼亚军官，第二名中国军官。爱沙尼亚非常小，中国非常大；爱沙尼亚是从苏联社会主义阵营中挣脱出来的，中国还在搞社会主义。两个国家反差之大，所以全场都哄笑起来了。

我当时坐在那感到气愤，觉得是他们的恶搞。到英国的第一个星期，语言环境还没熟悉呢，要讲你的社会制度、意识形态、宪法和国防，而且社会主义国家的只有我一个，他们这是故意把我放到火上烤。

抽完签，大家都散了，我越想越不对劲。在 RMCS 学习好几个月，早晚都得碰到这个问题，早晚躲不过去。那这个事我为什么不能讲讲？我还就不信我讲不了了。

星期三上午抽签，星期五上午讲，三、四白天全天上课，就两个晚上准备。要求必须做PPT，不光是讲，得向大家演示。两个晚上我都在图书馆找资料，做PPT。星期三晚上睡了3小时，星期四晚上睡了2小时。爱沙尼亚军官也在图书馆准备，大家都很重视，这相当于PK。

星期五上午发言，爱沙尼亚军官第一个。我承认他的PPT做得比我好，引用一大堆BBC的录像，图文并茂。他从哪开始讲？就从波罗的海三国独立事件开始：1989年8月，波罗的海三国200万人，从白发苍苍的老者到步履蹒跚的孩子，手拉手形成600公里的人列，从爱沙尼亚、拉脱维亚到立陶宛，横贯三国，要求民族独立。镜头很壮观，并且是从空中航拍，穿过桥梁，穿过田野，穿过河流，穿过城镇，被称为"波罗的海之路"。戈尔巴乔夫看后深受震动，觉得既然他们这么坚决要求独立，就让他们独立吧。我们这些留在苏联的人把苏联建设好，将来他们还会重新要求加入。戈尔巴乔夫太天真了，苏联崩溃从波罗的海三国独立开始，整个苏联板块就这么一块一块掉下来，破碎了。

玛雅：相比之下，中国因为有邓小平这样政治智慧的领导人，才能在1980年代末90年代初那种复杂变化的国内外局势下处变不惊，避免了苏联式悲剧的发生。

金一南：爱沙尼亚军官在台上讲的时候，台下很热闹，各国军官看得很兴奋，跺脚的、吹口哨的都有。他15分钟讲完下来了，我上去了，台下顿时变得死一般沉寂。大家都呆呆地看着我，鸦雀无声，仿佛在说，好了，这回中国军官上来了，要讲社会主义了；刚刚那个国家是从社会主义体制下挣脱出来的。

我的PPT做得非常简单，就几张。我说，今年是2001年。整整一百年前——1900年，中国是个跌倒的巨人，倒在地上爬不起来。整整一百年前，八国联军入侵北京，我们被迫签订辛丑条约，庚子赔款总共赔偿13个帝国主义国家4.5亿两白银——今天在座的很多军官，你们国家当年都参与了对中国的瓜分。这就是一百年前的中国，跌倒在地爬不起来，什么东亚病夫、华人与狗不得入内，都由此而来。现在是2001年，整整一百年后的中国，工业、农业、国防、科技、教育、医疗不但获得了极大改善，并且多个项目名列世界前茅。今天的中国，是一个自立于世界民族之林的站起来的东方巨人。

从跌倒的巨人到站立的巨人，连接这幅PPT和那幅PPT、横跨中国一百年的就是一句话：Marxism changed China（马克思主义改变了中国）。我们中国人为什么相信马克思主义？我们不是忠于一种主义，不是从一开始为了马克思主义而马克思主义，我们是用马克思主义找到一种认识中国、分析中国问题的方法，找到一条解决中国问题的道路——从民族救亡到民族复兴。在Marxism changed China的过程中，还有另一句话：China changed Marxism（中国改变了马克思主义）。毛泽东思想——马克思主义普遍真理与中国具体实际相结合，使我们找到了一条中国革命的胜利之路。邓小平理论——马克思主义普遍真理与中国具体实际相结合，使我们找到了一条中国现代化发展的成功之路。就是这两幅PPT、这两句话，我们中国人就是这样走过来的。

玛雅：Marxism changed China，China changed Marxism，这两句话言简意赅。我想，不论他们认同不认同你的观点，这两句话他们会记住的。

金一南：我讲完以后，第一个上来祝贺的是菲律宾的陆军上校加德尔，一定要跟我合影。印度海军上校卡夫那天没穿军装，第二天一定要和我穿军装合影。他跟我说，你们和我们的命运是一样的，你们中国比我们做得好。

匈牙利军官斯潘克斯的叔叔是裴多菲俱乐部的成员。当年匈牙利搞社会主义改革，裴多菲俱乐部被苏军镇压，裴多菲俱乐部的领导人纳吉被苏军枪毙。那天晚上斯潘克斯请我到酒吧聊了很长时间。他说，匈牙利今天不搞社会主义了，我叔叔从国外回来，一看匈牙利今天搞成这样，又走了。临走时说了一句话，“我死在国外再也不回来了。”斯潘克斯跟我说，我们的社会主义彻底失败了，衷心希望你们中国的社会主义能够成功。

我们班的主管教授叫泰勒，我们发言的时候，他也在那听。泰勒的政治观点很明确，完全不认同马克思主义，不认同社会主义，不认同香港回归。那天我在台上讲，他在教室后面的走廊上来回溜达，从东走到西，从西走到东。等我讲完，向我祝贺的军官们都走了，泰勒上来跟我说了一句话：“你讲出了你们的合理性。”

中国共产党的胜利是机缘和运气吗？

玛雅：你的发言，让他们看到了一个和他们的想象不一样的中国。你觉得你最打动他们的是什么？

金一南：我觉得，这么一个发言取得了这样的效果，是因为我把他们认为非常敏感的社会制度、意识形态问题，变成了一个被压迫民族、一个被奴役人民追求民族独立、国家平等的奋斗与抗争。让他们看到了，中国所走过的路不仅仅是一种意识形态的选择，它是一个被压迫被奴役被剥削的人民争取民族独立、国家解放的这样一个历史过程。我们对马克思主义的信仰、对社会主义的信仰，都产生于与中国实际相结合的过程中。我们今天讲中国梦：从民族救亡到民族复兴，这个梦是今天才有的吗？虽然我们已经远远离开了一百年前那个任人欺凌、任人宰割的时代，但是回望当年那一大批的中国知识分子，他们何尝没有梦想？

北大著名教授林语堂的梦想：只希望国中有小小一片不打仗，无苛税，换门牌不要钱，人民不必跑入租界而可以安居乐业的干净土。

燕京大学著名教授顾颉刚的梦想：没有人吸鸦片，吞红丸，这是最重要的事。这种嗜好延长下去，非灭种不可，任凭有极好的政治制度，也是无益的。

作家施蛰存的梦想：中国人走到外国去不被轻视，外国人走到中国来，让我们敢骂一声洋鬼子。你知道，先生，现在是不敢骂的。

民国政府外交部长罗文干的梦想：政府能统一全国，免人说我无组织。内争的勇敢毅力，专用来对外。武官不怕死，文官不贪钱。妇女管理家务，崇尚勤俭，不学摩登。青年勤俭刻苦，不穿洋服，振兴国货。

这就是当时中国的大知识分子的梦想，离我们现在也就几十年，不到一百年。你看我们今天梦想什么：梦想汽车，梦想房子，梦想小康日子。他们的梦想是什么：一个民族面临危亡，面临亡国灭种的危机，他们用强烈的民族自尊，提出当时中华民族必须完成的任务——民族救亡。

玛雅：社会学者黄纪苏有一篇写他祖父、“中国西北考古第一人”黄文弼的文章，谈到那一代知识分子的爱国情感。他写道：

他们生长在一个“国将不国”的危亡环境中。我从前翻阅《中国现代思想史资料》时，读到国民党一位元老张继在清末写的一篇激扬文字，面对内忧外患“血为之沸，发为之竖，肺为之炸，目为之裂，欲拔剑、砍地、奋身、入海！”我想，陈天华就是怀着这种激愤投海的。比他们稍晚一些，周恩来也写出了“大江歌罢掉头东，邃密群科济世穷，面壁十年图破壁，难酬蹈海亦英雄”的诗句。这是当时社会的普遍心理，是那几代知识分子的共同心态。

黄纪苏还写道：近代知识分子的基调是悲愤慷慨的救亡图存。这是他们那一代知识分子共同的特征。那不是一个人，是一群人，是一群奇男子、伟丈夫。

金一南：正是在这种民族危亡之时，中国共产党成立。中国共产党靠的是什么？就是这样一些中国知识分子，陈独秀、李大钊，还有参加中共一大的那些人。中国共产党为的是什么？完成民族救亡使命。但是中国共产党行不行？能不能担负起这个使命？当时没有几个人认为中国共产党能行。当时中国有将近三百个政治团体和党派，中共成立了，不过增加了一个而已。何况当时中国每天成立的政治组织和每天解散的一样多，你知道中共成立就能担当大任吗？我们今天的宣传片把中共成立的嘉兴南湖拍得绚丽多彩：一道红色霞光从南湖射出，然后一条红色飘带，飘到井冈山，飘到延安……中国革命取得了巨大胜利。这样的描绘既浪漫又豪壮，但是缺少了当年的艰难——中共是在凄风苦雨中成立的，没有人看好这个党。

今天很多人讲，中国共产党胜利了，只用这么短的时间——中共一大 1921 年召开，新中国成立于 1949 年，28 年夺取全国政权。这支军队，1927 年建军，最后剩下 800 人，22 年后百万雄师过大江。这是怎么回事？对这个问题，我们今天社会上怎么说、海外怎么说就不用说了，国内的大学教授、社科院的学者，甚至还有一些党史工作者，不少人在说中共胜利的偶然性，把中国共产党的胜利视作一种偶然。

玛雅：打天下，夺江山，是真枪实弹的较量。脑袋别在裤腰带上，子弹没长眼睛。这样的革命胜利如果可以是一种偶然，共产党也好，国民党也好，何必要拿血去赌，拿命去搏。

金一南：中国共产党的胜利是机缘和运气吗？中国共产党从来不是命运的宠儿，历史给它的磨难，超过给所有其他政治团体和党派。中国共产党所经历的艰辛，我们不用说别的，就看中共一大13位代表各自的走向，就知道这个党取得胜利何其艰难。摆在它面前有什么机会？什么机会都没有。这伙人当时不管从哪个角度来看，都没有任何成功的可能。1921年中共一大刚开完，便走的走，散的散，各奔东西。这13个人，都是共产党的发起人，多么崇高的历史地位啊，可是当年谁在意啦？有人随手就甩掉了——1922年陈公博脱党，1923年李达脱党，1924年李汉俊脱党，1924年周佛海脱党，1927年包惠僧脱党；1931年刘仁静被党开除，1938年张国焘被党开除。13位代表自己走掉或被开除的7个，其中陈公博、周佛海当了大汉奸，抗战胜利后被国民政府判处死刑。张国焘，因为南陈北李都没参加一大，他当选大会执行主席，宣布大会开幕，宣布大会闭幕，宣布中国共产党成立。多么崇高的历史地位呀，他最后竟然在国民党军统戴笠手下当特务。中共一大执行主席和国民党军统特务怎么连接起来了？这些脱党和背叛的人珍视过自己曾经拥有的极其辉煌的历史地位没有？没有，随手就甩掉了，因为这个党当时根本就不行。他们7个人，不管是出走的还是被开除的，我们做个假设，如果历史是可知的，如果他们当年就能知道这个党28年后要夺取全国政权，他们会不会做出这种糊涂之事？

玛雅：如果历史是可知的，他们一定不会这么做。

金一南：没错，参加一个党是很危险，你可以找个安全的地方藏起来，藏到国外都可以，一直到1949年新中国成立你再出来，你都是建党元勋呀，各种待遇少不了你的。问题是当时谁知道，谁知道自己亲手发起成立的这个党，有朝一日能搞出这么大的名堂。

还有牺牲的——王尽美 1925 年牺牲，邓恩铭 1931 年牺牲，何叔衡 1935 年牺牲，陈潭秋 1943 年牺牲。自己走掉的、被开除的、牺牲的，13 位代表中从头走到尾的只有两个人——毛泽东，中国共产党中央委员会主席；董必武，中华人民共和国副主席、代主席。所以我说，中共的艰难，我们不要用什么形容词、副词，看看 13 位代表的各自走向，就知道何其艰难。前面给他铺红地毯了吗？在他前面不是剪彩，就是庆典吗？不是的。前面是不尽的考验，流血、牺牲、叛卖。

选择毛泽东，就是选择胜利

玛雅：你说过，我们曾经与那些伟人同时代。也许，真正从宏观上把握驾驭那个狂飙突进的年代，探寻中华民族的精神高地，正是我们这一代人必须担负的使命。在你看来，伟人们留给我们的最宝贵的精神财富是什么？

金一南：是历史自觉。你说毛泽东，他是什么人？他凭什么起了如此巨大的作用？他是共产国际指定的中共领导人吗？不是。他是党的上一任领导指定接班的吗？也不是。从 1921 年中共一大到 1935 年遵义会议，当中 14 年间，中国共产党经历了陈独秀、瞿秋白、李立三、向忠发、王明、博古六位领导人，一直秉持共产国际的指示进行革命，磕得鼻青脸肿，碰得头破血流，直到 1935 年遵义会议才把毛泽东推上中共的领导岗位。选择毛泽东意味着什么？选择毛泽东，就是选择胜利。其他人全败了，14 年六任党的领袖都没搞成。最后终于发现，毛泽东的道路是中国革命胜利的唯一道路。这种唯一性，使毛泽东成为中国革命不二的领导人。

玛雅：毛泽东的这种唯一性表现在哪？

金一南：毛泽东是中共领导人中第一个，也是唯一一个，回答了中国红色政权为什么能够存在这个关系中国革命成败的最重要、最关键的问题。《中国的红色政权为什么能够存在？》，毛泽东在 1928 年 35 岁时写于井冈山的这篇文章，破解了中国革命之谜。

如果我们今天来回答这个命题：中国的红色政权为什么能够存在？很可能是教科书式的答案：第一马克思主义的光辉指引，第二中国共产党的英明领导，第三广大人民群众的衷心拥护，第四工农红军的英勇奋战。当我们给完这些教科书式的答案，回过头来看毛泽东是怎么回答的，你就会明白，毛泽东当年如果像我们今天这样照本宣科回答，中国革命是搞不成的。有马克思主义，有党的领导，有群众拥护，革命就必然成功吗？为什么马克思恩格斯最看好的德国革命从来没有发生？为什么列宁最看好的日本革命到今天都没出现？为什么谁都不看好的中国革命轰轰烈烈演进至今？答案就是毛泽东的破解。

毛泽东说："一国之内，在四围白色政权的包围中，有一小块或若干小块红色政权的区域长期地存在，这是世界各国从来没有的事。这种奇事的发生，有其独特的原因。而其存在和发展，亦必有相当的条件。"看出不一样了吗？我们都在找革命的一般条件，毛泽东在找独特的原因。中国的红色政权为什么能够存在？至关重要的就是这条。"我们只须知道中国白色政权的分裂和战争是继续不断的，则红色政权的发生、存在并且日益发展，便是无疑的了。"

玛雅：就是说，毛泽东的唯一性就在于，他那种实事求是、那种对中国社情和国情的深刻洞悉，使得中国革命从不可能成功变为可能。

金一南：当时真正把中国社会认识透的党的领导人唯有毛泽东。其他领导人都是根据共产国际的一般指示指导中国革命，毛泽东在寻找中国革命的特殊规律。

30 万红军长征，到达陕北就剩 2 万多人，处在最困难时期。之后发生了震惊中外的西安事变，张学良的东北军、杨虎城的西北军，还有红军，三位一体形成抗日统一战线局面。在此之前毛泽东就曾论断"星星之火，可以燎原"。为什么星星之火在德国烧不起来，在日本烧不起来，却在中国烧起来了？就因为毛泽东把中国大地认识透了，也就是我们今天讲的"中国特色"被毛泽东认识透了，使得马克思主义普遍真理开始与中国革命的具体实践相结合。工农武装割据、农村包围城市道路，为什么这些可以在中国出现？一切都建立在中国国情的基础之上，而不是一切建立在马克思主义的基础之上。这是毛泽东与此前所有党的领导人的重大分歧。这也是毛泽东最过人之处。1935 年遵义会议最后选择了毛泽东，因为毛泽东指出了中国革命胜利的道路，唯有毛泽东的道路是胜利之路。

中国共产党当年成立，在中国政治舞台上是边缘性的力量。而今天，中国共产党能够从中国政治舞台的边缘，走到东方政治舞台的中心，影响世界格局，改变世界格局，毛泽东居功至伟，无人取代。虽然毛泽东后来指导中国社会主义建设出现了失误，甚至重大失误，但是中国革命的整个历史、新中国的整个历史，就是邓小平那句话：中国革命如果没有这个人，我们可能至今还在黑暗中摸索。一个人在一段历史中能够起到如此巨大的作用，世界史上极其罕见。

当然，因为毛泽东对中国革命贡献太大了，我们后来有段时间把他神化了。把他说得神乎其神，好像中国革命是跟着个神走似的。好像毛泽东的话就是金口玉言，就是最高指示，没有错的。其实，当我们把毛泽东神化，就出现了另外一个问题：我们贬低了中国共产党的艰辛探索，也贬低了毛泽东本人的艰辛探索。

玛雅：电视纪录片《苦难辉煌》播出后，有评论说，这部片子的败笔在于，淡化了毛泽东。比如在“四渡赤水”军事艺术的评价中，作者不断强调这样一种逻辑：没有什么“神机妙算”，只有实事求是的“随机应变”。这种逻辑的本意或许是要告诫人们：不要神化毛泽东，毛泽东是人不是神。毛泽东当然不是神，作者的良苦用心可以理解，但是，作者的“解构”却未必实事求是。你对此有何回应？

金一南：毛泽东不是神，他就是一个人。毛泽东自己也承认，他不是神，他也是人，是人就会犯错误。他承认一生中打过四次败仗，两次发生在四渡赤水。我们唱歌“四渡赤水出奇兵，毛主席用兵真如神”。毛主席自己讲，一渡赤水、三渡赤水，我指挥都打败了。

但是这个人跟一般人不一样，他身上最珍贵的，就是极富历史自觉。什么叫历史自觉？第一，对社会运行规律深刻领悟；第二，对社会发展前景主动创造。毛泽东终其一生，从来不相信命运的摆布，从来不甘于规律的左右，从来主张小人物打倒大人物——舍得一身剐，敢把皇帝拉下马，从来不相信权威。从 1949 年新中国成立到 1976 年他去世，他在中南海住了 27 年，旁边就是故宫，他一次都没去过。为什么没有去，谁都不知道。但毫无疑问，他对过去皇帝的认识跟我们今天不一样。我们今天很多人，看康熙，看雍正，看乾隆，看得心潮澎湃，毛主席根本不看这个。我们今天参观故宫门槛都踏破了，砖头都踩平了，好多人走到太和殿，看到真龙天子的宝座，膝盖都发软了，恨不得跪倒在地。但你看毛泽东，“粪土当年万户侯！”皇帝算什么，根本不放在眼里。这是一种极其强烈的历史自觉。

就是这种历史自觉，把本来充其量就是湖南农家出身的一个乡村教员，变成了新中国集建党建军建国于一身的历史巨人。没有人推动他去做事，他自己主动去做。他自己要寻找这样的规律，探索这样一条道路。这样的人，我们党有一批：毛泽东、朱德、周恩来……

谁都颠覆不了的中国军队第一人

玛雅：朱德的历史自觉最突出的表现在哪里？

金一南：朱德入党之前已经是国民革命军准将旅长。都当将军了，衣锦还乡没问题了，但朱德不甘心，一门心思想入党。从四川跑到上海要求入党，把总书记陈独秀吓了一跳。陈独秀把朱德劝走，跟身边的人交待说，我们党可不能让军阀参加。在国内入不了党，朱德打听到，中共有个旅欧支部在法国，就从上海坐船到法国加入中国共产党。到了马赛，别人告诉他，中共旅欧支部负责人周恩来去了德国，朱德又去了巴黎，从巴黎坐火车赶到柏林。这么一位老将，从四川到上海，上海到马赛，马赛到巴黎，巴黎又到柏林，满世界追着党，就为了要入党，最后在柏林加入中国共产党。

玛雅：真可谓一片真心天地可鉴。中共今天8600万党员，有多少能有朱老总对党的这份赤诚。

金一南：朱老总回国后参加八一南昌起义。南昌起义是中国人民解放军的奠基，朱老总是中国人民解放军的总司令。但是你看，南昌起义的领导班子里没有朱德。南昌起义前委书记周恩来，总指挥贺龙，前敌总指挥叶挺，参谋团刘伯承、聂荣臻，连大文豪郭沫若都是南昌起义前委班子成员，朱老总不是。不光是他在党内资历比较浅，更主要是南昌起义他带的力量太少了。南昌起义主力叶挺

11 军 8 个团、贺龙 20 军 6 个团，朱德率领军官教导团和南昌市公安局人员，总共 500 人不到。南昌起义部队南下，朱老总带的 500 人年龄偏大，家里又是老婆又是孩子，不愿跟随南下，几乎全部跑光，朱老总当时是名副其实的光杆司令。周恩来指派朱德打前站，在前面开路，让滇军把路让开，让起义部队通过。起义部队进入广东，周恩来、叶挺、聂荣臻、刘伯承带领主力南下作战，让朱德殿后，在主力部队后面掩护。朱德没有部队，叶挺 11 军 25 师 3000 人临时交给他指挥，在三河坝顶了三天三夜，挡住国民党的追击，伤亡六七百人，还剩 2000 多人。

主力部队南下作战全军覆没，领导人分散突围。周恩来、聂荣臻去了香港，叶挺下了南洋，贺龙回湖南，刘伯承去了上海。全部南昌起义的部队就剩下朱德在三河坝殿后的 2000 多人。怎么办？很多人说散伙算了。关键时刻朱德站了出来。他说，不要散。我们现在还有人有枪，有人有枪就一定有办法。后来很多人说，当时没有散是勉强同意跟着朱德走。就这样走到 10 月底，部队还是短衣短裤，没有备装，没有食品，没有药品，没有枪支弹药。人一边走一边跑，越走越少，走到江西安远天心圩，只剩 800 人。25 师师长带头走了，73 团、74 团、75 团团长全部走掉，队伍面临一哄而散之势。

这真是中国革命的千钧一发之刻啊，这 800 人要是散掉了，南昌起义片甲不留，中国人民解放军到哪里寻找自己的奠基呀？这 800 人没有散，朱老总居功至伟。

就在天心圩稻田的土坎上，朱老总站上去说：“大革命是失败了，我们的起义军也失败了。但是，我们还要革命。同志们，要革命的跟我走；不革命的可以回家，不勉强。”他还说，1905 年俄国革命失败，1917 年他们成功了。我们今天就是俄国人的 1905 年，我们一定会迎来我们的 1917 年。当时在场的官兵没有几个人知道俄国在 1905 年是怎么回事，但是大家从朱德火一般的激情和信心中感受到了信仰的力量。就在这个特殊的时刻，没有人相信革命还能成功，只剩下这个旧军队过来的旧军人，他相信革命一定成功。这 800 人跟着他信了。这 800 人是一支中国魂的队伍，朱老总给了他们一个魂。

今天很多人说，共产主义实现不了，共产党人信仰危机了。我说，信仰是什么？是教育问题吗？不是。信仰是领导者的问题。你是领导者，你不信，你在台上教育大家信，大家谁会信？你是领导者，你信，大家跟着你信。

玛雅：我采访华东理工大学曹锦清老师，他谈到中国共产党作为一个领导党的责任。是什么责任？你要告诉你的人民，中国从哪里来，现在何处，将来到哪里去。所谓领导就是共产党引领我们走，我们跟随它的引领。你有一个目标，人民认同你这个目标，愿意跟你走，你的领导权是从这里获得的。

金一南：朱老总当年就是这样。面前的这支队伍根本不是他的，是叶挺的，最后成了他的铁杆，紧紧跟随他，靠的什么？就是信仰。陈毅后来说，朱总司令在最黑暗的日子里，在部队情绪低到零度、灰心丧气的时候，指出光明前途。这是总司令的伟大。

什么叫力挽狂澜？这就叫力挽狂澜。这支 800 人的队伍里，也许没有人能想到，22 年后解放军能够百万雄师过大江。但每一个自愿留下的人，都从朱德身上感受到了革命一定能胜利的信念。我经常讲，我们从来不排除群众是真正的英雄，但我们也从来不否认，领导者的意志在关键时刻是中流砥柱。你看朱德，当年四散撤退的南昌起义领导人，哪一个能想到，起义中没有担任主要领导，后来不是开路就是殿后，说句不客气的话，一直在队伍中“打杂”的朱德，最后竟然是他收拢了南昌起义残部，坚持斗争，从而成为中国人民解放军第一人——中国工农红军总司令、中国人民解放军总司令。朱德靠什么完成了从旧军人到新中国第一军人的转变？巨大的历史自觉。谁要求他去做了？没有人。当时中央的指示是，部队不可靠了，领导人分散突围。朱德没有走，把一群谁都看不起的残兵败将带上井冈山，变成了燎原的火种。

1955 年中国人民解放军授衔，排在十大元帅之首的朱德、十大元帅之三的林彪、十大元帅之六的陈毅，排在十位大将之首的粟裕，1927 年 10 月都站在天心圩 800 人的队伍里。你说这 800 人是残兵败将，还是燎原火种？全在领导人一念之间。25 师师长和 3 个团长全部走光，扔下自己的队伍。朱德留下来，把这帮残兵败将变成了燎原火种。这 800 人最终成为中国共产党埋葬蒋家王朝的基本班底，整个解放战争战绩最大的两大战场上三员主将——东北战场的主将林彪，华东战场的主将陈毅、粟裕，都出自这支 800 人的队伍。就像中国人民解放军战史记载的那样，八一南昌起义的队伍在极端困难的情况下能够保存下来，朱德对中国革命事业做出了巨大贡献。

新中国成立后，当年曾参加了秋收起义的国务院副总理谭震林回忆说，假如朱德不能把南昌起义队伍带上井冈山，井冈山只有秋收暴动这点力量，很难存在下去。秋收暴动主力是湖南农军、浏阳学生、安源矿工，战斗力很弱。南昌起义的队伍到了，军官几乎都是黄埔军校毕业，士兵清一色北伐铁军的队伍，井冈山由此战斗力大增。工农红军核心战斗力的发源是八一南昌起义的队伍。一直到今天，中国人民解放军陆军十八个集团军，其中的头等作战主力，发源就是井冈山时期红四军28团，南昌起义的家底。为什么是朱毛红军，朱德排在毛泽东前面？就是这种历史地位。

玛雅：如果没有朱老总当年的必胜信念和不懈坚持，今天的党史、军史、中国革命史就是另外一个写法。

金一南：我们今天很多人对朱德怎么当上总司令的不了解，对朱德对中国革命的重大贡献不了解。十六字诀：敌进我退，敌驻我扰，敌疲我打，敌退我追，朱德提出，毛泽东完善；打得赢就打，打不赢就走，你打你的，我打我的，朱德提出，毛泽东完善。所以小平讲，毛泽东思想是全党智慧的结晶。这绝不是客气话，是真实写照。中国共产党是一个英雄的群体，毛泽东有历史自觉，朱德有历史自觉，是在不同层面的表现。

人的一生纵然漫长，但关键时刻只有几步，决定一生的命运。所以我说，朱老总一辈子就做这么一件事就够了。哪怕他以后什么都不做，依然是谁都颠覆不了的中国人民解放军的泰斗。他做的这件事太具有初创性、太具有根本性了。

把党人做到了极致的典范

玛雅：毛泽东和朱德的历史自觉表现在不同层面，周恩来的历史自觉表现在另一个不同的层面？

金一南：周恩来的历史自觉，我用一个比喻：一只手电筒，十几米外光就散射没有了；一束激光，几公里之外都雪亮可见。激光的全部能量来自于它的高度聚焦，周恩来终身从事的工作，通过大量的组织协调，把党内脾气秉性各异的人聚集在一起，犹如把四处散射的手电光集中起来，变成激光，完成党内力量聚焦。周恩来为我们党做出了重大贡献，和毛泽东、朱德一样，是无可替代的贡献。

1934 年红军长征之前，毛泽东曾经给中央写了一封信，表示自己不走，带领红一、三军团和红九军团 20 师留下来，坚持苏区斗争。毛泽东当时写了这封信，如果真的不走，中国革命将如何进行？

玛雅：毛泽东当时为什么不愿意走？

金一南：当时红军长征叫战略转移，到湖南与贺龙、肖克会合，谁也没想到要长征，一开拔走了二万五千里。所以毛泽东说，你们先走，我在这坚持斗争，欢迎中央再回来。另外，毛泽东也低估了蒋介石对江西志在必得的决心。如果他真的留下来，九死一生。党的一大代表何叔衡留下来牺牲了，党的领导人瞿秋白留下来牺牲了，方志敏留下来牺牲了，贺昌、刘伯坚……一大批领导人留下来都牺牲了。毛主席真的留下来，九死一生，中国革命难以设想。

毛泽东这封信交给了中央负责人博古。博古当时还不到 28 岁，经验不足，看了信不知道怎么办，就把信交给了周恩来。周恩来看完信说，我去找他谈，连夜骑马从中央所在地瑞金赶到毛泽东的住处。两人关起门来彻夜长谈，核心一句话，劝毛泽东跟长征队伍一起走。那天晚上的谈话内容，毛泽东和周恩来终生没有任何只言片语的回忆，成了千古之谜。第二天周恩来返回瑞金，博古见面就问，怎么样了？周恩来简单回答了一句：他同意跟着走了。非常简单的一句话，却是改变中国历史命运的一句话。他不跟着走，红军长征不知道会是什么样。前面还有遵义会议吗？红军真的能走出困境吗？

中国革命关键时刻，周恩来多次做出过这样的贡献。遵义会议也是一次。遵义会议决定博古不再担任党的主要领导，让张闻天接任，但是博古不愿意把权交出来。他说，不是我要当总书记，是共产国际让我干的。你们不让我干，可以，共产国际批准我就不干。中共是共产国际的一个支部，哪有支部改选上级党委不知道的，博古这么一说，搞僵了，张闻天接班没成。遵义会议开过 20 天，红军长征走到云南，周恩来找了个屋子与博古彻夜长谈。周恩来跟博古说，你我都是留过洋，吃过洋面包的，我们这些留过洋的人对中国的情况都不是那么了解。自从我领导南昌起义失败，我就知道中国革命靠我们这些人搞不成，我们要找个真正懂中国的人，那个人才能搞成。老毛懂中国，他能搞成，我们共同辅佐他，把中国革命搞成功。

周恩来讲这话的时候仍然是党内军事上下最后决心者，是毛泽东的直接指挥。他对博古说，我们现在的最高原则是作战胜利，我们要把问题提到最高原则上去解决。共产党人为了胜利，没有什么山头利益不可以放弃，没有什么个人派系恩怨不能割舍，核心是为了胜利。第二天早上，博古把全部权力交给中央，张闻天顺利接班。

玛雅：我们说，遵义会议挽救了党，挽救了红军，挽救了中国革命。如果没有周恩来，遵义会议决议不能得到落实，遵义会议就没有今天这样的历史意义。

金一南：在后来毛泽东与张国焘的斗争中，博古坚决站在毛泽东一边。在毛泽东与王明的斗争中，博古也没有站在王明一边。博古后来说，周恩来一席话对他影响至深。中国革命靠什么去取得胜利，靠谁来领导去取得胜利，确实一定要由一个懂中国的人来领导，才能取得成功。

这些都是周恩来对中国革命的重大贡献。谁交待周恩来这么做了？他当时作为最高领导者，决心放弃权力地位，让毛泽东干，为了什么？周恩来说，最高原则是为了胜利，除了胜利没有什么东西不能割舍。

玛雅：周恩来的权力观和今天很多中共官员的权力观形成了鲜明对比。掌握权力为了什么？不是为了一己私利，是为了国家和人民。就像曹锦清老师说的，这个天下不是你的，你是代天下守天下。你不能只为自己，你要守护这个民族。

金一南：今天很多领导人都写回忆录，周恩来的特点，不说，不记，不传，不写。什么都不回忆，全部带走；不解释，不争辩，全部担当。

晚年周总理在北京病重，叶剑英元帅对他身边的秘书、护士、警卫做出交待，说总理一辈子受的委屈很多，他有很多话是一定要说的。你们要准备好纸和笔，不管他说什么都记下来，昏迷中说的也要记下来。一直到总理去世，秘书、护士、警卫交给叶帅的都是一张白纸，什么都没说，全部带走了。

作为党人，周恩来把一个党人做到了极致。我们今天 8600 万党员，真正意义上的党人有多少？周恩来是标准的党人，终生个人服从组织，牺牲个人为了组织。周恩来这样的人，不仅中国共产党，只要世界上存在政党这个形式，他就是所有党人的榜样。一个政党，怎么把若干分散的个体变成一个坚强的整体？如果若干个体到了党内还各有各的主意，各有各的主张，将永远是一盘散沙。周总理率先垂范，从自己做起，牺牲个人，为了组织，是中国共产党人的光辉典范。

我常说，一个政党能不能讲运气？如果能讲运气的话，中国共产党有毛泽东、朱德、周恩来这个领袖集团的结合，是中共天大的好运。毛泽东对党的路线方针政策的把握，朱德坚决的斗争精神和必胜的革命信念，周恩来大量的组织协调，使这个党臻于完善。共产党的力量就是这么来的，我们党当时有一批这样的人。

没有伟人就没有伟业，没有真人就没有真理

玛雅：这是中共天大的好运，也是中华民族天大的好运。有这样一批人，才有中国革命的成功，才有中国社会主义建设事业的成功。

金一南：《建党伟业》的总导演韩三平跟我说，金教授，我拍这部片子时，从头到尾脑子里挥之不去的就是你《苦难辉煌》里的这句话：年纪轻轻就干大事，年纪轻轻就丢性命。那个年代，没有人研究怎么保养长寿，该吃什么不吃什么，胆固醇怎么样血糖怎么样，就是一腔热血救国救民。

李大钊就义的时候，还不到38岁。毛泽东34岁上井冈山，开辟工农武装割据、农村包围城市道路。朱德30岁成为护国名将，周恩来29岁指挥南昌暴动，博古24岁出任中共中央临时总负责人，寻淮洲刚满21岁就担任红军军团长。聂耳不到23岁为《义勇军进行曲》谱曲，今天我们所有中国人，面对国歌都要肃立。邹容18岁写《革命军》，20岁去世。他的《革命军》感动了中国近代历史上两个重要人物。第一毛泽东，看完《革命军》是这四个字：夜不能寐；第二蒋介石，看完《革命军》也是这四个字：夜不能寐。在那个年纪轻轻就干大事、年纪轻轻就丢性命的时代，中国革命的历史就是这伙年轻人用青春热血写就的。

我们今天回顾这一幕，不是一伙小人钻到伟大的事业里，变成

伟人了。没有伟人就没有伟业，就像没有真人就没有真理一样。假人不追求真理，真人追求真理。什么叫真人？说真话，办真事，信真理。我们党当时有一批这样的义无反顾的真人。所以我们说，怀抱理想主义去干事业，多数时候会头破血流，如果能成功，必定是伟大的事业。今天的人可以在账房里把各种利害得失算计得清清楚楚，但唯独算计不出伟大来，因为任何伟大都包含着梦想。

我们党有一批这样的人，否则不会活得这么久。所以从命运的角度来讲，人与人没有多大差距，只有很小的差异，但很小的差异却能造成巨大的差别。很小的差异即积极心态或消极心态，巨大的差别即成功或者失败。我们今天，生活上去了，待遇上去了，教育上去了，学历上去了，可是心态下来了。你看网络微博上，牢骚多，怪话多，讽刺挖苦，无所不用其极。人们看到的是灌木和野草，很少见到乔木。当年在那样的条件下，那种一定要改造旧世界，争取光明未来的信念，靠什么来实现？不是靠牢骚怪话，是靠自己的行动，靠一腔青春热血改造中国。

玛雅：就像你说的，叉着腰指责是容易的，伏下身耕耘却并非那么轻松。发牢骚讲怪话谁不会呢，可是能解决问题吗？能改变现状吗？能成就事业吗？偌大的中国，成就再大，问题总是有的，大家都端起碗来吃肉，放下筷子骂娘，谁去建设和改造呢？英文里说嘴的人叫 talker，做事的人叫 doer。中国今天缺的不是 talker，是 doer，需要的也不是 talker，也是 doer。

金一南：他们那代人靠的什么？从毛泽东、朱德、周恩来到那整个一代人，靠巨大的历史自觉，靠深切的爱国情怀和每个人的实际行动。他们改造了中国，给我们今天带来天翻地覆的变化。

孙中山说，做人的最大事情是什么？就是要知道怎样爱国。

毛泽东说，中国必须独立，中国必须解放，中国的事情必须由中国人民自己作主张。

邓小平说，我是中国人民的儿子，我深情地爱着我的祖国和人民。

张学良说，我是个爱国狂，国家要我命，我立刻就给，要我的脑袋，拿去就可以。

中华民族会深深铭记他们，因为他们深切的爱国情怀。这是作为一个中国人最根本的东西。

我去广东省委讲课，很多人回忆，邓小平当年到了深圳，站在山坡上看香港。天下着蒙蒙细雨，随行人员谁都不敢上去给小平打伞。小平站在雨中默默看着香港，凝视了五分钟。小平最大的心愿就是香港回归时，踏上那片土地看看。1997 年 7 月 1 日香港回归，小平那年 2 月去世了。

这些人有着深切的爱国情怀，甘愿为国家牺牲，我们今天时代完全不一样了，还需要这样的牺牲吗？反过来说，没有这样的牺牲，我们的时代又属于谁呢？当我们今天一切都以个体为单元、一切都以自己为核心的时候，中华民族会不会出现像孙中山在 20 世纪初说的：四万万中国人一盘散沙而已？新中国把一盘散沙的中国人聚集起来了，但是在今天，发展差异、生活差异、地位差异、认识差异，等等，这些差异又使我们分聚众于散。我们能不能，像习近平总书记说的，找到我们民族最大的公约数。如果大家的利益都是对立的，中华民族会不会再一次成为一盘散沙?

玛雅:在这种种差异中,最严重的是思想认识上的差异。很多人,包括很多党政官员,对自己国家的道路和制度没信心,从骨子里认同西方的所谓“普世价值”。习近平近日强调,要把党要管党、从严治党落到实处,增强全党特别是领导干部理想信念的坚定性。说真的,如果那种思想得不到遏制,中国有可能倒在复兴的门槛上,那太令人扼腕叹息了。如果那样,我们怎么对得起在苦难中求辉煌,不畏牺牲、抛洒热血的中华先烈们。

金一南:今天不少人可能觉得,事业和主义这些东西已经没有多少吸引力了。职务变动一次,地位变动一次,待遇也变动一次,这才是最真实、最实惠的。什么主义、信仰、理想,虚无缥缈得可以放到一边了。当年的革命者如果是这样想法的一批人,中国革命就不可能成功。

面对老百姓对今天一些党员干部越来越多的怀疑和批评,我有一种强烈的感觉:告诉大家我们的党曾经拥有一大批真人。他们不为钱、不为官,不怕苦、不怕死,只为心中的主义和信仰。他们很多人没有活到胜利的一天,没有赶上评功评奖、授勋授衔,没有来得及给自己树碑立传,也没有机会重归故里光宗耀祖。他们有的,是穿着褴褛的军装,带着满身战火硝烟,消失在历史帷幕的背后。

这些人是真正的英雄,是我们这个党这个军队这个民族真正的脊梁。

综观党史军史,在那支翻越万水千山的队伍中,这样的英雄难以计数。正是从他们身上我看到，做追求真理的真人，是我们这个党最宝贵、最根本的传统。正因为有了对真理舍生忘死的追求，才能产生壁立千仞的真人。也正因为有了壁立千仞的真人，才使我们看到了真理的至高与至尊。

人类在繁衍，英雄却不能复制。中共党史和中国人民解放军军史是一部英雄辈出的历史，这是我们对今天和未来拥有信心的本钱。《苦难辉煌》能够产生强烈共震，说到底，是那部英雄史使然，是那些“给人以星火，必怀火炬”，为了理想和信仰献出自己全部的先烈们使然。中国共产党通过艰苦卓绝的斗争取得了惊天动地的胜利，不但使中华民族达到前所未有的历史高度，探测到前所未识的时代广度，而且培养出一大批天不怕地不怕、神不怕鬼不怕的共产党人，告别了长期沿袭的颓丧萎靡之气，完成了中华民族的精神洗礼。这样的精神洗礼，我相信不会白费的。

玛雅：网上有篇文章，分析习近平为什么推荐干部读《苦难辉煌》。作者认为有三个原因：一是书中所表现的那种信仰的力量——这是一种任何力量也摧不垮的东西。二是希望党的高级干部看事看物需要有战略思维和战略意识，要在险恶中看到希望，在得意时看到危机。三是对中国革命史、中共党史、国际共运史、中国建军史的一种正本清源的推崇。你觉得这个分析有根据吗？

金一南：这篇文章我看了，是别人转发给我的。我不知道这位作者是谁，他的信息是怎么得到的。

玛雅：那你自己认为，这本书为什么会引发这么热烈的反响？

金一南：一位网友这样评价《苦难辉煌》："这本书留给匆忙的我们、物欲的我们、缺乏信仰的我们很多思考，避免走得太快太远后，忘掉了当初我们出发的理由。"

我觉得这位网友的概括十分精彩。就像习近平在十八大小组讨论时说的，我们现在物质条件大大富裕了，国力军力大大强盛了，但是我们现在精神怎么样？还是要培育民族精神、国家精神。我们现在能够说舒舒服服、皆大欢喜地实现民族复兴吗？能舒舒服服、皆大欢喜、蹦蹦跳跳地进入"两个一百年"吗？我想没有这种便宜事。世界上没有免费的午餐，如果没有强烈的忧患意识，不抱着付出代价、付出牺牲的想法，我们是完不成这个任务的。

共产党人要时刻牢记自己的天和自己的地

玛雅：有评论说，《苦难辉煌》给人感触最深的是：信仰的精神在于牺牲精神。这股强大力量的源头就是共产党人救国救民的信仰，而点亮民众信仰的火种、激发民众自觉相随的感召力就是共产党人惊天地、泣鬼神的牺牲精神！这才是共产党人信仰的精髓！忘记过去就意味着背叛，在和平建设时期，有人忘记了我们的天，这就是我们的民族；有人忘记了我们的地，这就是我们的民众。共产党人要时刻牢记自己的天和自己的地，继续发扬先烈的这种牺牲精神，做到敢于牺牲名和利，顶天立地实现中国梦。这番话，我觉得说得非常好。

金一南：当年在白色恐怖的高压下，共产党人的信仰一度变得多么廉价。多少人抛弃了信仰，动摇了，叛变了。然而，正因为坚守信仰要以生命为代价，又使得它变得如此昂贵。

今天中国共产党成为执政党了，入党不用再问“怕不怕死”，而且还有这样那样的好处，动摇与叛变问题就不复存在了吗？历数一下这些年来党内军内出了多少腐败分子，出了多少出卖党和国家机密、卖身投靠国外势力的人，出了多少在金钱面前丢弃原则、背叛入党誓词的人。虽然现在已经不是战争年代，但这些人问题的性质同样是对共产党人信仰的动摇与叛卖。他们在动摇我们的根基，阻断我们的血脉。

还有一些人，高高在上，当官做老爷，不知道我们这个党是怎么走过来的，是靠什么夺取政权。有人竟然说出“你是替党说话，还是替老百姓说话？”这种荒谬透顶的话。中国共产党能有今天，和老百姓是分得开的吗？这难道还不能让我们感到一种深刻的危机吗？

玛雅：所以你认为“政治体制改革的本因是怎么取得人民的支

持和信任”？

金一南：这是我讲课中的一段话，讲党和人民群众之间的联系。共产党要密切联系群众，一个共产党员，必须要做到这一点。

玛雅：把加强党和人民群众的联系作为政治改革的目标，很多人不会认同的。按照所谓自由派的观点，政治改革的目标就是西式民主化、军队国家化，以及经济私有化。

金一南：中国自有它自己的发展道路，不会照着他们的设想去走。多年来，美国战略界对中国的判断基本是失误的。尤其是八九政治风波以后，整个判断是中国要朝那个方向走——不得不进行政治改革，实行宪政民主。可是后来发现中国没有，中国特色社会主义搞得还有声有色。

美国人非常不理解，中国为什么会这样？曾经有一段时间，美国把中国一些知识分子的意向作为中国国家发展的走向。结果完全不是这样，中国没有向他们想象的方向走。美国人现在明白了，看来这些人的意向并不是中国的实际走向。那中国的实际走向是什么？什么样的力量在决定中国的发展方向？什么样的力量在主导它？美国战略界搞不清楚这一点，开始大量了解中国的文化，邀请很多中国人去讲学，讲中国文化。你不要讲中国的经济发展，也不要讲中国的政治体制改革，那些都是虚的，讲了十几年、几十年了，都把美国人误导了。你就讲讲中国的文化，中国文化到底是怎么回事。

一位中国学者跟我说，他给美国人讲中国文化。他问美国人，你们知道中国有三教九流之说吗？美国人说不知道。他给他们解释，你们看到的那些说话的人是三教，那些发不出声音的人是九流。真正决定中国发展的不是三教，是九流。

玛雅：三教和九流脱节了。

金一南：在北京住着，又是汽车，又是空调，又是好的住房，又是好的待遇，容易忘记整个中国是什么样，各地的差异有多大。从理想主义、本本主义、外国的“真经”出发，当年的王明不就是这样？你不了解国情，不站在这块土地上，按照国外一般理论来指导中国的前进道路，过去证明不行，今天也一样不行。今天言必称希腊的比比皆是，却忘了恩格斯那句话，生活之树常青，理论永远是灰色的。说实话，现有的理论，诠释不了我们极其丰富的实践。中国共产党这种全新的社会实践，已经为我们党的理论创新打下了基础。

当然也不必急着理论包装，还是实践是第一位的。就是小平说的，我们就往前做。但在做的过程中，根据发展前进的需要，共产党人必须具有很大的可塑性。毛泽东思想就是马克思主义中国化，有非常大的可塑性，简单地把马克思主义搬到中国来根本不行。还有邓小平理论，都是这样。今天有人恨不能把西方的理论都搬到中国来，经济学的政治学的都搬来，用来改造中国，行得通吗？当年王明这样做过，再往前胡适也这样做过，都搞不成。这一点连美国人现在都看明白了。

玛雅：2013年1月24日，希拉里在卸任国务卿前一星期宣布成立“十万人留学中国”基金会，希望通过留学计划来加强美中战略关系。美国人也许是想从源头上搞清楚中国到底是怎么回事，培养一大批China hands（中国通），来有效地应对中国的崛起。

金一南： 谁在主导中国的发展？实践能说明一切。中国的发展不是吵出来的，是做出来的。中国的道路从来都是以实践来证明的，而不是理论的推演。要是理论推演，王明对马列经典头头是道，引经据典，毛泽东就一句话，从中国的实际出发，推翻你的教条主义。邓小平也是这样，宣称自己没看过《资本论》，马列的书没读过几本，就是了解中国的国情。今天我们不缺乏理论，但缺乏自己的理论。都是别人的，没有根，扎不到中国的土地上。中国的九流不认可，理论就永远飘在天上。

当然，脱离了社会基础，你也可以在象牙塔里精雕细刻。你可以把学问做得非常精致，可以被捧得很高。但是这样的学问永远扎根不到中国的土地上，决定不了中国的发展道路和未来走向。

这个党这个军队的力量，今天仍在延续

玛雅：你说，写作《苦难辉煌》是为了知道，这个党这个军队的力量从哪里来。革命先辈是播种的，我们是收获的，没有他们，就没有我们的今天，他们是中国真正的脊梁。你觉得，在今天中国，你所找寻的这种力量看得到吗？这样的中国真正的脊梁在哪里？

金一南：不论是全面建设小康社会还是实现民族复兴，我们都需要这样一批像当年那样以追求真理为己任，为了心中的主义和信仰，义无反顾为中华民族而奋斗的共产党人。今天我们看见很多腐败、滥用职权之类让人极不满意甚至愤恨的事，很多人因为这些认为中国共产党、中国人民解放军到了危机的边缘。但是到了前方，不管是新疆、西藏，还是南海，我都强烈感受到那种健康的力量。有一批这样的人，今天仍然在踏踏实实地为中华民族的利益奋斗。

任何一个国家肌体都是一样的，健康与腐朽并存。就像一个人，他面对着谁战胜谁的问题，是腐朽战胜健康，还是健康战胜腐朽。我们今天也是，两种力量在较量，是他们战胜我们，还是我们战胜他们。我觉得，从我们的基础来看，我们有这样一批人，至今还在坚守，所以我相信，我们健康的肌体一定能够战胜腐朽的肌体。

玛雅：我不止一次听到从外地调研回来的学者说，在北京看到的不是真正的中国。你能不能讲讲你看到的那些人和事，为什么他们让你感受到健康的力量？让你对中国有信心？

金一南：什么叫祖国？什么叫新中国？我们在北京、上海、深圳看中国，看不清楚，在边远地区看中国，看得更清楚。2011年3–4月，我去了南沙群岛，走遍我军驻守的“七礁八点”。从守礁官兵身上，我真切地感受到我在《苦难辉煌》中追寻的力量。

在向我驻守的最南端礁点——华阳礁——航渡时，小艇搁浅，困在华阳礁外数百米处无法前行。艇上指挥员说：前面两个战士，你们跳下去推船！就在两个战士踌躇犹豫的瞬间，南沙巡防区的少校副参谋长纵身一跃，率先跳进水里。当时我大受震动。什么叫军队？什么叫身先士卒？这就是啊。

不顾周围人劝阻拉扯，我第二个纵身跃下。海军湛江保障基地参谋长周晓力大校第三个跃下……我们齐心合力，把小艇推出搁浅区。

玛雅：当时船上就你一个将军？

金一南：我是那次编队中军衔最高的。

玛雅：那你跳下去了，其他人不是很尴尬吗？

金一南：所以七八个人拉着我不让跳，说“金将军，你怎么能跳？”

上到华阳礁，全礁官兵列队向我们报告，持枪行注目礼。我浑身湿漉漉地站在队列前，接受华阳礁礁长报告。官兵们后来说，看到我和周参谋长跳入海水中的那一刻，他们感到，前方和后方、上级和下级、将军和士兵融为了一个整体。

我们上了礁也非常感慨。华阳礁是最南端的礁石，非常大，十几个官兵驻守。我问礁长是哪里人，齐齐哈尔人。后来上了南薰礁，又问礁长是哪里人，西安人。什么叫中国？这就是中国。一个是东北人，一个是西北人，在祖国最南端执行勤务。他们的礁盘起什么样的作用？我说叫小棋子，大棋局。只要中央有令，舰队便可立即行动。代价是什么？一批人的献身。为了国家这个大棋盘，这些前方的棋子，牢牢驻守在这些礁盘上。

包括钓鱼岛，我们的海监队伍一批人在前线。中国海监“9·14”钓鱼岛巡航，坚决执法。积极主动创造性地完成中央交给的任务，坚决维护国家海洋权益。

应官兵们要求，我在军舰的甲板上给大家讲了一课。讲到苦难与胜利是我们军队武德的来源，讲到新世纪中国国家利益的拓展，讲到西藏边防乃堆拉山口一声“报告首长”嘴唇就开裂流血的战士，讲到新疆生产建设兵团农十师185团边境团场，有一个每天早晨一个人升国旗的农工。

玛雅：每天早晨一个人升国旗的农工？这是怎么回事？

金一南：新疆农十师有位农工，独自负责耕种一块地。这位农工发现对面俄罗斯每天早上升国旗，他没有国旗，就自己弄个木杆子，扯了一块红布，剪了几个黄星缝上去，每天早上一个人升旗——非常奇特的景象，这就是中国！在今天大家都忙着发家致富的时候，都在追求个人幸福、把个人权利看得高于一切的时候，在西部边陲还有这样一位农工，每天早上一个人迎着朝阳升国旗。

玛雅： 这个景象确实太奇特了，而且非常震撼！对我们这些生活在北京的人来说，第一次看到这样的景象受到的震撼，也许不亚于已经看习惯的天安门升旗。

金一南： 这个故事，我每讲一次都问听讲的人，也问我自己：我们内心每天升起的，是祖国的旗帜还是个人的旗帜？当我们今天每个人内心升起的首先都是自己的旗帜和自己家庭的旗帜的时候，我们能不能产生这样的呼唤——“我是一个中国人”？当年建党的那批人，一直到今天还有那么一批人，他们追求中华民族的强大、国家繁荣富强，首先是从内心开始的。如果内心里只为自己和家庭献身，没有国家没有民族，是没有动力完成民族复兴大业的。

农十师所在的北屯，2005 年我去时，最高是四层楼。当地好多知识青年都说，结婚一定要到北屯，到北屯就进了大城市了。最高的是四层楼，四层楼的最高端就是四个大字：祖国万岁！我觉得，这就是从一个最边远的地方发出的中华民族的呼声。

前面你谈到黄纪苏写他祖父的那篇文章，像黄文弼这样的知识分子中国今天仍有。我们带着国防研读班到新疆罗布泊地区考察，地方很多领导干部看了都非常感慨。总装 21 基地的试验场 10 万平方公里，进去没多久，手机没信号了，只能靠程控电话联络。走到一个山沟，一个少校上来报告，脸晒得黢黑，带着一个白色眼镜：报告，正在研制某某项目。再走到一个山坡，一个上校上来报告，也是脸晒得黢黑，也带着个眼镜。地方干部一问，这位清华大学毕业，那位复旦大学毕业。他们非常吃惊，如今孔雀东南飞，人才都集中在沿海地区，没想到在祖国的大漠深处，竟然还有这些中国一流大学的毕业生，在人迹罕至的地方研制新型装备，为中华民族的肌体增补钙质。

我说，这就是今天的中国。有贪污的，有腐败的，有把财产捣腾到国外的，有以持外国护照为荣的。但是还有一批人，堪称中华民族的脊梁，在默默地做着他们认为应该做的事。今天在大漠深处研发新型装备的一流大学毕业生，在新疆兵团每天早上一个人升国旗的农工，在南沙华阳礁执行勤务的齐齐哈尔礁长、南薰礁的西安礁长，在钓鱼岛执法的中国海监队伍……这些人不正是今天中华民族真正的脊梁吗？

玛雅：他们的故事让我相信，你写《苦难辉煌》所要找寻的这个党这个军队的力量今天还在。这个力量在他们的身上延续着，坚强有力，无坚不摧。

金一南：当年的两弹元勋邓稼先病重，第一次乘坐红旗车围着天安门转了一圈。他问夫人许鹿希，再过十年、二十年，还会有人记得我们吗？邓稼先为什么这样问？是啊，虽然你为国家做出了很大贡献，后辈人是追求个人幸福的。全球化了，没有边界了，世界融合了，大家热衷移民了，还有人记得你吗？我觉得，对邓稼先之问的最好回答，是中国第一架隐形战斗机歼－20的生产者、成都飞机公司的座右铭：祖国终将记住那些奉献于祖国的人，祖国终将选择那些忠诚于祖国的人。

我在军舰上给官兵们讲完课，编队指挥员最后提议，由我带领大家连呼三遍“祖国万岁！”全场一片振奋，带有青春气息的强烈声波在漆黑的夜晚向远方荡漾。那是个十分寂静的海区，周围没有一条船，没有其他任何人能听到我们呼喊。但我不怀疑，这呼声会深深印在全体官兵的心中。那是一个巨大的让人热血沸腾的青春气场，我现在还记得那一张张年轻的面庞。

《解放军报》总编黄国柱有番话讲得好：不论你对80后、90后怎么看，将来我们的位置、我们的工作都要转交给他们，这是不可抗拒的历史规律。在这个过程中，我们要把我党历史上那些最有价值的部分，最有感召力的部分，最能凝聚我们党、凝聚我们国家、凝聚我们民族的强大精神元素传下去，才能使我们的事业永葆青春活力，永远不改变我们江山的颜色。

玛雅：你说到这，我想起“四月青年”的一句话：“你所站立的那个地方，正是你的中国。你有光明，中国便不黑暗。”中国今天有一大批年轻的爱国主义者，他们代表着中华民族的未来和希望。

金一南：今天看中华民族的救亡与复兴之路，令人无限感慨。我们曾经是奴隶，否则不会有1840－1949年的百年沉沦；我们也拥有英雄，否则不会有1949－2050年的百年复兴。从1840年到2050年这二百年中，中华民族的命运发生了并将要发生何等波澜壮阔的变化，这一伟大变化又是多少代人流血牺牲奋斗的结果。今天当我们在追求“两个一百年”崇高愿景的时候，我们的思维、认知和理论，必须跟上这一波澜壮阔的实践。真正认识它，总结它，积累它，延续它，才能够站在前人的肩膀上，避免幼稚、浮躁与浅薄，走向沉稳、厚重与成熟。不论我们如何富强，都永远不要忘记国歌中这一句：“起来！不愿做奴隶的人们！把我们的血肉筑成我们新的长城！”不论我们如何艰难，都永远记住国际歌中这一句：“从来就没有什么救世主，也不靠神仙皇帝。”

再过几天就是中国共产党92诞辰。90多年来，真正的共产党人从来没有放弃对自己理念的追求。共产党人的理念不管怎样变化和发展——从毛泽东思想到邓小平理论，到三个代表，到科学发展观，乃至以后有什么新的总结和概括，我们核心不变的，就是今天长安街新华门影壁上的五个字：为人民服务。共产党的宗旨，最根本的就是这个。背离了这一点，我们无法想象党的生命力；坚持这一点，是党的生命力的全部来源。我们曾经与那些伟人同时代，我们今天站在他们的肩膀上，我们必须让后人也能站上我们的肩膀。一代又一代人不懈努力，不惜奋斗，实现多少代人百年来梦寐以求的愿望：中华民族伟大复兴的中国梦。

2013年7月作于北京

2014年7月改于北京